5 Elemente Küche

Anna Ursula Ams

5 Elemente Küche

Gesunde Ernährung im Rhythmus der Organuhr

CHRISTIAN

INHALT

Vorwort	6
Die 5-Elemente-Küche	**8**
Die 5-Elemente-Küche	10
Die Traditionelle Chinesische Medizin	10
Qi – das allumfassende Lebenselixier	11
Yin und Yang – im Gleichgewicht eine runde Sache	12
Der Dreifach-Erwärmer – das Kraftwerk des Menschen	13
Die 5-Elemente-Ernährung, eine Wohlfühlküche	14
Geschmacksrichtungen und was dahintersteckt	15
Thermik der Nahrungsmittel	18
Rundherum kochen	19
Die Organuhr und wie sie tickt	**20**
Die 5-Elemente-Küche im Tagesablauf	24
Tipps zur Umsetzung im Alltag	26
Bevorraten, haltbar machen, einkaufen	27
Ein Wort zum Schluss	28
Meine Empfehlungen	29
Rezepte	**30**
Grundrezepte	32
Frühling	36
Sommer	74
Herbst	112
Winter	150
Anhang	
Register	188
Vita und Dank	190
Impressum	192

VORWORT

Liebe Leserinnen, liebe Leser,

als ich das erste Mal den Buchtitel las, musste ich spontan an meine Oma denken – eine einfache Bauersfrau, die ganz sicher nie etwas von der 5-Elemente-Ernährung gehört hat. Und doch hat sie in großen Teilen so gelebt und gegessen, wie es die 5-Elemente-Lehre empfiehlt.

Jetzt werden Sie sich fragen: „Was hat sie denn gemacht?" Lassen Sie mich dazu eine kleine Geschichte erzählen: Aufgewachsen bin ich auf dem Land, in einem kleinen Dorf, inmitten von Wiesen und Feldern. Landwirtschaft und der eigene Anbau von Obst und Gemüse gehörte seit Generationen zu unserer Familie. Die Natur gab vor, wann gesät und gepflanzt wurde, damit zur entsprechenden Jahreszeit geerntet werden konnte. Noch heute sehe ich die vollen Kirschbäume im Sommer vor mir. Erinnere mich an die süßen Erdbeeren und aromatischen Tomaten aus dem Garten. Was nicht direkt verzehrt werden konnte, wurde für den Winter eingeweckt oder gelagert. Jeder Tag begann mit einem Frühstück. Wann immer möglich, wurde um 12 Uhr zu Mittag gegessen. Alles war selbst gekocht. Dazu gab es immer einen Salat mit frischen Kräutern, so jahreszeitlich verfügbar. Um 18 Uhr war Zeit für das Abendessen, das nie üppig war.

Meiner Oma wäre es nie in den Sinn gekommen, Tomaten oder Erdbeeren im Winter zu kaufen. Für uns dagegen ist es selbstverständlich, dass alles immer verfügbar ist. Natürlich bedeutet das, dass Nahrungsmittel Tausende von Kilometer zurücklegen müssen, dafür noch unreif geerntet werden. Es ist klar, dass die Qualität und auch der Geschmack darunter sehr leiden, oft ganz verloren gehen. Trotzdem essen wir frische Tomaten, Gurken und Sommerfrüchte im Winter und wundern uns, dass sie fade schmecken. Stellen vielleicht erstaunt fest, dass wir danach kein warmes Bauchgefühl haben, sondern nach dem Essen eher frösteln. Aus Sicht der 5-Elemente-Lehre nicht verwunderlich, denn diese Lebensmittel wirken alle kühlend auf unseren Körper und sind deshalb eher im Sommer angesagt. Gescheiter wäre es also, den saisonalen Winterprodukten den Vorzug zu geben, die einen wärmenden Charakter haben.

In diesem Buch, liebe Leserinnen und Leser, gebe ich Ihnen einen kleinen Einblick in die spannende Welt der 5-Elemente-Küche, der Organuhr und der Traditionellen Chinesischen Medizin (TCM). Ich möchte Ihnen Dinge in Erinnerung bringen, die in unserer Gesellschaft verloren gegangen sind und die im Alltag meiner Oma und meiner Eltern noch selbstverständlich waren – beispielsweise den Tagesablauf wieder mehr danach auszurichten, was uns wirklich guttut. Dem Tag auch Grenzen zu setzen, damit wir am Abend zur Ruhe kommen können.

Die 5-Elemente-Ernährung, die ihre Wurzeln in der TCM hat, ist leicht, ausgewogen und bekömmlich, sie hält uns gesund und fit. Sie stärkt unser Leistungsvermögen, denn sie belastet unseren Körper nicht, sondern spendet gute Energie, und es werden Produkte von hoher Qualität verarbeitet. Die Rezepte in meinem Buch folgen dem Rhythmus der Jahreszeiten, denn die Natur bringt die passenden Nahrungsmittel hervor, um unseren Körper punktgenau zu unterstützen: Der Sommer beschenkt uns mit kühlenden Gemüse- und Obstsorten wie Beeren, Gurken oder Tomaten. Im Winter gibt uns die Natur mit Kohlsorten und frostwiderstandsfähigen Wurzelgemüsen die passenden Energiepakete an die Hand, um uns zu wärmen.

Mithilfe der Organuhr lässt sich, ergänzend dazu, ein Lebens- und Essrhythmus aufzeigen, der dem „System Körper" mehr Rücksichtnahme zollt. Ein Rhythmus, der zur richtigen Zeit mit den passenden Nahrungsmitteln unseren Organen für ihre Arbeit die richtigen Energien zur Verfügung stellt, der sie unterstützt und auch entlastet. Außerdem werde ich in den Rezepten darauf hinweisen, welche Wirkung manches Nahrungsmittel hat. Wenn Sie also ein Gericht kochen, dann essen Sie nicht nur lecker und bekömmlich, sondern werden eine Idee bekommen, was Sie gerade Gutes für Ihren Körper und die Organe tun.

Wenn Sie, liebe Leserinnen und Leser, sich nach der Lektüre dieses Buches und dem Kochen der Rezepte intensiver mit der 5-Elemente-Ernährung, der Organuhr und der TCM beschäftigen möchten, freut mich das sehr. In diesem Fall empfehle ich Ihnen eine professionelle Beratung, die diese Ernährungsform auf Sie persönlich abstimmt. Und natürlich gibt es jede Menge Literatur von Kolleginnen und Kollegen – am Ende des Buches finden Sie einige Tipps und Adressen, die Ihnen die Suche nach dem richtigen Ansprechpartner erleichtern. Sollten Sie körperliche Beschwerden haben oder gar krank sein und sich fragen, ob diese Ernährung hilfreich sein könnte, dann kann ich diese Frage aus eigener Erfahrung mit einem Ja beantworten. Wichtig ist dann allerdings die Begleitung durch einen TCM-Arzt!

Nun möchte ich Sie herzlich zu einem Streifzug durch die Welt der 5-Elemente-Ernährung, der Organuhr und der TCM einladen und wünsche Ihnen viel Spaß dabei!

Ihre
Anna Ursula Ams

DIE 5-ELEMENTE-KÜCHE

ist eine Wohlfühlküche. Es ist keine mit Verboten belegte Diät, sondern eine Küche, in der es hauptsächlich auf Bekömmlichkeit ankommt. Wenn frisches, selbst gekochtes Essen auf den Tisch kommt, bei dem alle Elemente in Balance sind und die Arbeitsphasen der Organe bei den Mahlzeiten berücksichtigt werden, sind auch Körper und Geist im Lot, und wir fühlen uns rundum wohl.

DIE 5-ELEMENTE-KÜCHE

Moderne Zeiten! Bei der Ernährung setzten sie mit den ersten Fertigmahlzeiten ein. Durch die Zeitersparnis gelang dem sogenannten Convenience Food – frei übersetzt: bequemes Essen – ein unvergleichlicher Siegeszug. Auch die kühnsten Vorstellungen reichten nicht aus, sich auszumalen, wie sich unser Essen bis heute verändern würde. So langsam dämmert uns aber, was das neben der Bequemlichkeit noch bedeutet.

Beruflich wie privat dominieren Hektik, Ärger, Druck und Frust rund um die Uhr. Multitasking heißt das Zauberwort. Menschen fliegen für den Beruf in Endlosschleifen um den Erdball. Die Ruhephasen werden immer kürzer, Ernährung hat keinen Stellenwert mehr. Denn egal, wann wir was gerade tun: Wenn der Hunger kommt, essen wir. Dick belegte Brötchen vor dem PC, eine Wurst auf die Hand für den Weg, ein süßes Teilchen in der U-Bahn. Während die Augen Bildschirme fixieren und die Ohren dem Meeting lauschen, kaut der Mund, mechanisch schlucken wir namenloses Essen. Und abends dann noch kochen? Der Hunger ist groß, die Nerven liegen blank, Kochlust gleich null. Also wieder Stulle oder Pizzaservice, Alkohol und Schokolade zur Entspannung.

Die TCM ist eine ganzheitliche Lehre, die den großen Wirkungskreislauf von Jahreszeit und Tageszeit bis hin zu Stimmungen beschreibt.

Das alles sind natürlich keine stärkenden oder energievollen Mahlzeiten und auf Dauer bleibt diese Lebensweise nicht ohne Folgen. Wir fühlen uns schlapp, müde und ausgebrannt. Verdauung, Körper und Geist kommen aus dem Tritt. Über diese Zusammenhänge sind sich übrigens östliche und westliche Medizin einig. Für die Traditionelle Chinesische Medizin liegt die Basis für ein gesundes Leben und viel Lebensenergie vor allem in einer guten Lebensführung und Ernährung.

Die Traditionelle Chinesische Medizin

Die Traditionelle Chinesische Medizin, kurz TCM, reifte über Jahrtausende zu einer Lehre, die mittlerweile auch bei uns große Beachtung findet. Sie betrachtet nicht nur den Körper des Menschen, sondern ganzheitlich auch Seele und Geist. Die Vorgänge des Lebens und der Natur wurden genauestens beobachtet: die Jahreszeiten, der Lauf

des Tages, die Himmelsgestirne, der Rhythmus der Natur, Psyche und Emotionen. All das ist ein großer Wirkungskreis, der miteinander verzahnt ist und sich gegenseitig sowie uns Menschen beeinflusst.

Für die Behandlung ihrer Patienten bekamen die alten chinesischen Ärzte angeblich nur ein Erfolgshonorar. Es wurde bezahlt, wenn der Mensch gesund blieb. Der Arzt ging für die Behandlung einer Erkrankung leer aus. Jede Störung im System des Menschen musste also schnellstmöglich erkannt und auch behandelt werden. Zur Behandlung stehen der TCM fünf Grundpfeiler zur Verfügung: Akupunktur, Kräutermedizin, spezielle Massagen, Bewegung und die in diesem Buch vorgestellte Ernährung. Dass Letztere in der TCM eine ganz wichtige und präventive Rolle spielt, ist leicht zu verstehen, schließlich essen wir jeden Tag, um unseren Körper mit der Energie zu versorgen, die er braucht.

Qi – das allumfassende Lebenselixier

Im Kern geht es bei der TCM und auch der 5-Elemente-Küche darum, die energetischen Prozesse im Körper, das sogenannte Qi, im Fluss und in der Balance zu halten. Der Begriff „Qi" kommt also dem Begriff „Lebensenergie" sehr nah, mit ihm lassen sich aber auch Konstitution, Krankheit, eben alle möglichen energetischen Prozesse beschreiben. Qi begleitet alle Bereiche der Existenz.

Ein paar Beispiele, die Ihnen möglicherweise bereits begegnet sind: Feng-Shui, die chinesische Lehre der Harmonie von Räumen, betrachtet das Qi in unserem Umfeld, beispielsweise in einem Haus. Ziel ist, den Raum und damit den Fluss von Qi so zu gestalten, dass der Mensch darin frei von Störungen leben kann, günstig beeinflusst wird und sich wohlfühlt. Auch die meisten asiatischen Kampfsportarten lehren, nicht nur die körperliche Kraft, sondern auch sein Qi bewusst wahrzunehmen und zu kontrollieren.

Unser Körper benötigt Qi für verschiedenste Funktionen, zum Beispiel für die Abwehrkräfte des Immunsystems, den Erhalt der Körperwärme oder eine kraftvolle Verdauungsarbeit. Der harmonische und blockadefreie Fluss dieser Lebensenergie ist aus Sicht der TCM unabdingbar, um gesund zu bleiben. Ein Zuviel oder Zuwenig an Qi führt zu Unter- oder Überversorgung und das entstehende Ungleichgewicht auf Dauer zu Krankheiten.

Die TCM unterscheidet zwei Arten von Qi. Mit der ersten werden wir geboren, unsere Eltern haben uns mit Qi fürs ganze Leben ausgestattet (laut TCM: vorgeburtliches Qi, auch Essenz genannt). Das ist unsere Konstitution, sie steuert viele Kernfunktionen im Körper. Diese Kraftquelle wird im Lauf unseres Lebens nach und nach verbraucht und kann nicht wieder aufgefüllt werden. Also ist

Die fünf Säulen der Traditionellen Chinesischen Medizin	
Akupunktur	Behandlung mit Nadeln zum freieren Fluss von Qi
Kräutermedizin	individuelle Zusammenstellung von Heilkräutern, zugeschnitten auf Konstitution und Beschwerdebild des Patienten
Massagen	Tuina, eine spezielle Massage bei Erkrankungen des Bewegungsapparates und auch bei organischen Beschwerden
Bewegung	Qigong, Yoga oder ähnliche „Sportarten", die beweglich halten und innere Ausgeglichenheit und Ruhe fördern
Ernährung	saisonal, ausgewogen, individuell auf die Konstitution abgestimmt

Frische Nahrungsmittel stärken unser Qi und sorgen dafür, dass bei uns alles im Fluss ist – schmeckt auch viel besser als Fast Food!

es sinnvoll, pfleglich damit umzugehen, Stress und Raubbau zu vermeiden.

Für das Qi, das nach unserer Geburt hinzukommt (laut TCM: nachgeburtliches Qi), sorgen wir dann jeden Tag selbst. Es ist die Energie, die wir täglich über Nahrung und Atmung zuführen, um alle Körperfunktionen am Laufen zu halten. Dabei werden etwa 30 Prozent aus der Atmung und 70 Prozent aus der Nahrungsaufnahme gewonnen. Schon diese Verteilung zeigt, wie wichtig Ernährung und Qualität der Nahrungsmittel sind. Deshalb schneidet ein selbst gekochtes Essen mit frischen Zutaten einfach besser ab als Fast Food! Ein wichtiger Aspekt: Je mehr nachgeburtliches Qi wir produzieren können, umso weniger muss das kostbare vorgeburtliche einspringen. Die erwähnte Balance des Qi besteht ebenso aus einem fließenden Ausgleich von zwei sich ergänzenden Begriffen: Yin und Yang.

Yin und Yang – im Gleichgewicht eine runde Sache

Yin und Yang versinnbildlichen die zwei Seiten einer Münze, Begriffspaare wie Dunkelheit und Licht, Mond und Sonne, Weibliches und Männliches, Nord und Süd. Sie stehen sich dabei nicht starr gegenüber, sondern sind in Bewegung. Die Abwechslung von beidem folgt einem Rhythmus – genau wie die Jahreszeiten oder die 24 Stunden eines Tages. Diesen Rhythmus finden Sie auch in der Organuhr wieder, zu der wir später kommen. Ebenso spielen Yin und Yang auf der körperlichen und geistigen Ebene eine Rolle.

Yin steht im Körperlichen für unsere Substanz, Knochen, Haut, Haare, Blut und unsere Körperflüssigkeiten. Yin wirkt wie die Kühlerflüssigkeit im Auto. Es hilft, zu kühlen und uns zur Ruhe kommen zu lassen. So sorgt es für erholsamen Schlaf und gute Nerven. Bei einem leckeren Essen in netter Gesellschaft und einem kleinen Spaziergang bauen wir unser Yin und unsere Substanz auf. Yang dagegen sind die PS unseres Autos, es bringt uns in Bewegung. Wenn wir im Büro hektisch von A nach B flitzen, überwiegt Yang. Denn Yang ist der immaterielle Teil des Körpers und steht für seine Wärme und Kraft, bringt Dynamik ins System und sorgt für einen guten Stoffwechsel mit starken Abwehrkräften. Für unsere Gesundheit und Ausgeglichenheit ist das Gleichgewicht von Yin (Ruhe) und Yang (Aktivität) ausschlaggebend. Zugegeben, in den modernen Zeiten kein leichter Auftrag.

Aus dem Wechselspiel von Yin und Yang lässt sich auch die individuelle Konstitution des Menschen herauslesen. Vereinfacht ausgedrückt, haben Personen, die häufig schwitzen und die man auch im tiefsten Winter ohne Schal und Handschuhe antrifft, mit hoher Wahrscheinlichkeit Yang im Überfluss. Die ewigen Fröstler tendieren dagegen eher zum Yang-Mangel. Menschen mit einem Mangel an Yin neigen zu trockener Haut und nächtlichem Schwitzen. Eine Yin-Fülle zeigt sich dagegen zum Beispiel in Wassereinlagerungen oder Schnupfen mit viel Schleim. Der stets begeisterte, extrovertierte Typ wird eher vom Yang geleitet, wogegen der geduldige Fels in der Brandung seine Ruhe aus dem Yin bezieht. Wie genau die Balance zwischen Yin und Yang positiv beeinflusst werden kann, finden Sie auf Seite 18 bei der Thermik der Nahrungsmittel.

Alle drei Begriffe – Qi, Yin und Yang – spielen bei einer Besonderheit der TCM zusammen: dem Dreifach-Erwärmer.

Der Dreifach-Erwärmer – das Kraftwerk des Menschen

In der TCM hat der sogenannte Dreifach-Erwärmer eine zentrale Bedeutung. Sie werden ihn deshalb auch später in der Organuhr wiederfinden. Sie fragen sich vermutlich, wieso Sie von einem Organ namens Dreifach-Erwärmer noch nichts gehört haben. Das liegt daran, dass er kein eigenes Organ ist, sondern eher ein Organsystem, ähnlich dem westlichen Stoffwechsel oder der Verdauung. Er sorgt für die Energiegewinnung und -verteilung sowie für die Wärmezirkulation im Körper.

Stellen Sie sich das Zusammenwirken von unterem, mittlerem und oberem Erwärmer wie einen inneren Kochprozess vor: Der untere Erwärmer ist dem TCM-Organsystem Niere zugeordnet. Dort lagert das

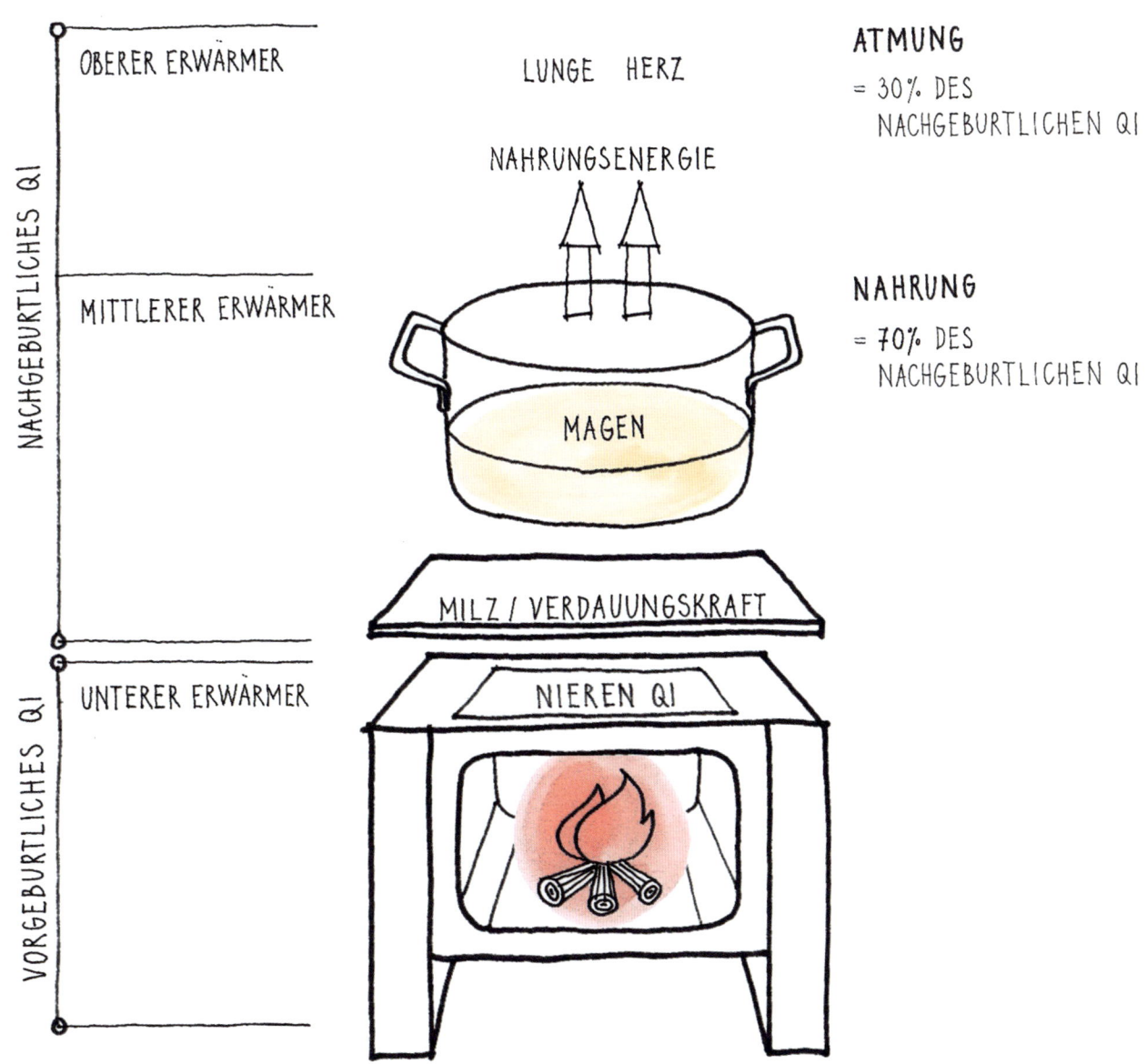

angeborene (vorgeburtliche) Qi. Dieses Energiereservoir unterstützt quasi als Herdplatte mithilfe seiner Feuerkraft den Kochvorgang, wobei der „Kochtopf" darüber im mittleren Erwärmer (die Organe Magen und Milz) angesiedelt ist. Jegliche Nahrung gelangt zunächst in den Magen, den „Kochtopf", und wird von der Verdauungskraft der Milz in Säfte und Energie verarbeitet. Was nicht verarbeitet werden kann, fließt als Abfall zurück zum unteren Erwärmer zur Ausscheidung über Niere und Blase. Die guten Essenzen, die man sich als den beim Kochen aufsteigenden Dampf vorstellen kann, werden hingegen an den oberen Erwärmer, bestehend aus Herz und Lunge, weitergereicht. Die Lunge reichert diese Essenzen noch mit Sauerstoff aus der Atemluft an. Herz und Lunge fungieren als Verteilersystem von Blut und Energie.

Klingt vielleicht recht theoretisch, deshalb zum Verständnis zurück zu unserem Kochbeispiel: Für den Kochprozess benötigen wir generell Wärme. Deshalb macht es einen Unterschied, ob der Kochtopf mit Kaltem oder Warmem gefüllt wird. Die Herdplatte braucht deutlich mehr Energie, um Kaltes zum Kochen zu bringen als bei Warmem. Sie werden bei den Rezepten feststellen, dass aus genau diesem Grund alle 5-Elemente-Frühstücke warm sind. Denn warme Speisen liefern besser und schneller Energie für den beginnenden Tag. Wenn zwischendurch immer wieder etwas in den Kochtopf/Magen gefüllt wird – damit ist ständiges Snacken gemeint –, bringt das den laufenden Kochvorgang/Verdauungsprozess ins Stocken. Auf Dauer schwächt das unsere Verdauungskraft und damit unsere Energiegewinnung. Und wie schon erwähnt, ist die Qualität des „Brennstoffes" auch entscheidend dafür, welche Energie wir aus ihm gewinnen können. Je frischere und natürlichere Lebensmittel zum Einsatz kommen, desto besser.

Meine Erfahrung als Ernährungsberaterin zeigt, dass viele meiner Klienten gar nicht frühstückten. Im besten Fall noch kaltes Müsli, rohes Obst, Joghurt oder Brot zum Frühstück gegessen haben. Manche haben dagegen ständig genascht, andere haben oft spät abends ihre Hauptmahlzeit mit viel Fleisch oder aber auch nur Rohkost und Salate zu sich genommen. Den Tag über wurde gehungert. Über Jahre schwächte so ein unausgewogenes Essverhalten die Gesundheit und die Verdauungskraft. Gewichts- und Verdauungsprobleme waren unter anderem die Folge.

Gestärkt wird die Verdauungskraft hingegen durch ein warmes Frühstück. Versuchen Sie, abends nicht so spät zu essen, Brotmahlzeiten öfter durch Gekochtes zu ersetzen und Fleisch bewusster zu verwenden. Getreide in gekochter Form und Kraftsuppen sind sehr empfehlenswert. Erhöhen Sie die Bekömmlichkeit durch Gewürze und Kräuter.

Sie werden bei den Rezepten häufig auf den Ausdruck „stärkt die Mitte" stoßen. Das resultiert aus genau diesen Zusammenhängen. Die starke Mitte – bestehend aus Magen und Milz – steht für eine gut funktionierende Verdauungskraft, die auch gleichzeitig unsere Lebensenergie Qi stützt.

Wie über die Ernährung für einen tadellos funktionierenden „Kochvorgang" gesorgt werden kann, erfahren Sie als Nächstes.

Die 5-Elemente-Ernährung, eine Wohlfühlküche

Keine Angst, die 5-Elemente-Ernährung ist keine neue Diät mit einseitigen Verboten. Sie verbindet östliche Heilkunst mit unserer westlichen Kochtradition und kann in jeder Küche umgesetzt werden. Es kommt hauptsächlich auf Bekömmlichkeit und Genuss an. Denn nur was uns schmeckt und gut bekommt, tut uns auf Dauer auch gut. Deshalb nenne ich sie gern meine Wohlfühlküche.

Die fünf Elemente Holz, Feuer, Erde, Metall und Wasser bilden die Grundlage aller östlichen Philosophien. Sie werden auch Wandlungsphasen genannt, denn sie beschreiben Kreisläufe des Lebens, die ineinander übergehen und einer andauernden Veränderung unterworfen sind. Jahreszeiten und Klima, Geschmäcker und Sinnesorgane: Alle beeinflussen und unterstützen sich gegenseitig. Die Grafik auf Seite 15 zeigt einen kleinen Ausschnitt, was in der TCM mit den fünf Elementen verbunden wird.

Die TCM betrachtet Nahrungsmittel anders als der Westen. Nicht Vitamin- oder Fettgehalt ist von Bedeutung, sondern der Energiegehalt, den wir aus der Nahrung gewinnen können. Eine klare Aussage: Nur aus Gehaltvollem kann der Körper auch etwas herausholen. Frische und Hochwertigkeit spielen deshalb eine wichtige Rolle. Dazu hat jedes Nahrungsmittel eine „eigene Persönlichkeit", die sich unter anderem in Geschmack und Temperatur-

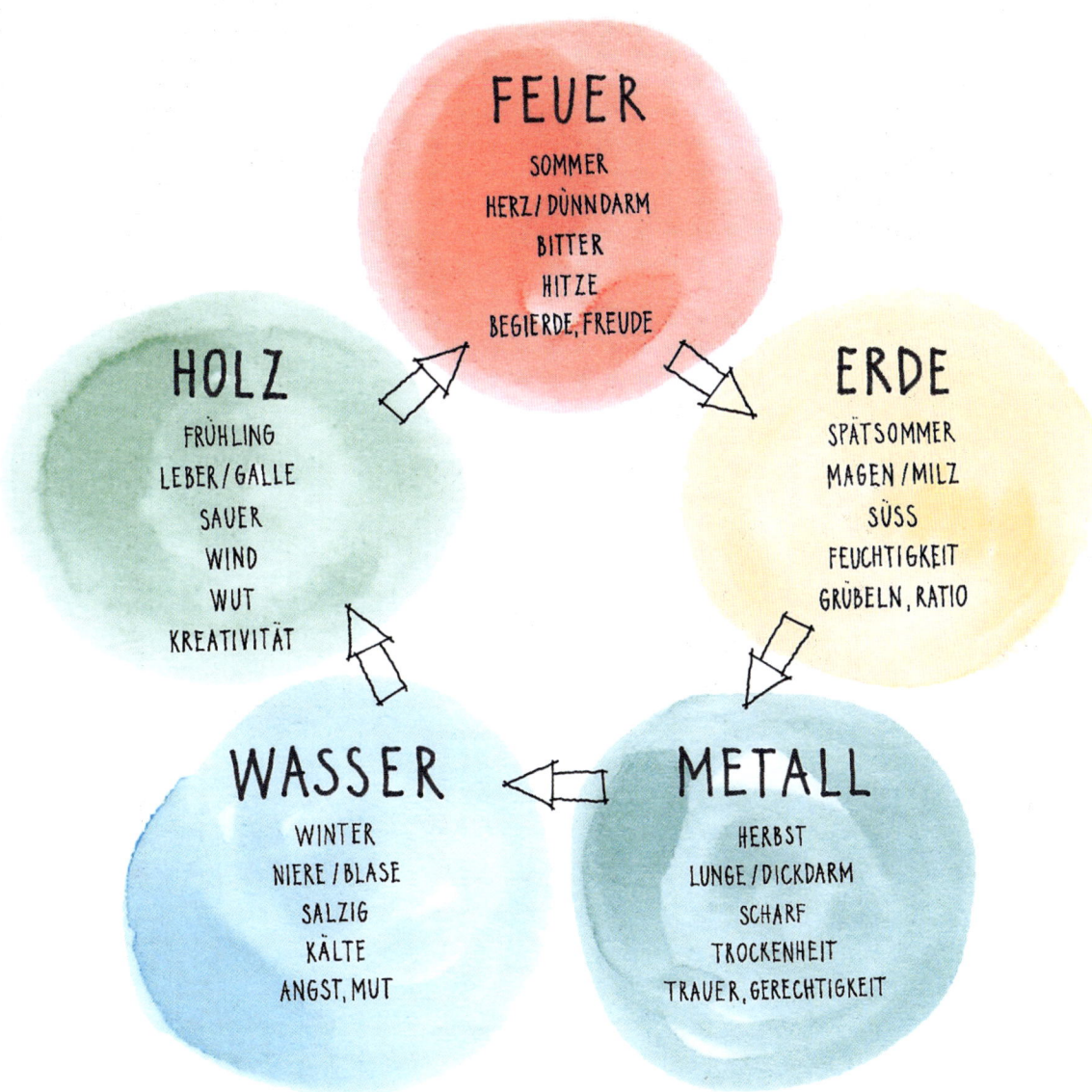

verhalten ausdrückt und eine Wirkung auf uns hat. Diese Betrachtung ermöglicht es der TCM, Aussagen zu treffen, welchen Einfluss Nahrungsmittel auf den Körper haben, und sie kann auf die persönliche Konstitution eines jeden Menschen eingehen. Vereinfacht ausgedrückt, könnte man sagen: Was für den einen leicht verdaulich ist, liegt einem anderen schwer im Magen. Chili oder andere Gewürze wärmen den einen Menschen, bei einer Frau in den Wechseljahren wird es zu Verdruss führen, da die Schwitzattacken vermutlich heftiger werden.

Lassen Sie sich von den fünf Geschmacksrichtungen und ihrer Wirkung überraschen!

Geschmacksrichtungen und was dahintersteckt

Prinzipiell sollten in jedem Essen sämtliche Geschmacksrichtungen und damit alle Elemente enthalten sein, denn jedes hat eine bestimmte Aufgabe zu erfüllen. So kann die Energie unseres Körpers in alle Richtungen fließen, alle Organe werden ausreichend versorgt und das Essen wird gut verdaut. Wenn das klappt, ohne dass Sie darüber nachdenken, spricht man von funktionierender, gesunder Verdauung. Schaut man genauer hin, sieht man, dass in allen traditionellen Küchen dieser Welt dieses Prinzip zu Hause ist, um Speisen lecker und bekömmlich zuzubereiten. Denken Sie nur mal an unsere traditionellen

Abends sollten Sie lieber gedünstetes Gemüse zu sich nehmen – das ist bekömmlicher als Salat oder zu viele Kohlenhydrate.

Backrezepte und die abrundende Prise Salz im Kuchen oder den Zimt im Chili con Carne ...

Erde/süß: Dem Element Erde zugeordnet, wirkt Süßes nährend, entspannend und befeuchtend. Es ist vor allem für die Organe unserer Mitte – Magen, Milz und Bauchspeicheldrüse – zuständig. Sie mögen es bedauern, dass es hier nicht um Sahnetorte oder Pralinen geht. Gemeint ist nämlich die Gruppe unserer Grundnahrungsmittel. Also Getreide wie Reis, Dinkel oder Hirse, Kartoffeln, Gemüse, Fleisch, Fisch, Hülsenfrüchte, Eier, aber auch Öle und Nüsse. Sie bilden den nahrhaftesten Hauptteil unserer täglichen Ernährung und sind in der Regel schwer verdaulich. Deshalb wird die Unterstützung der anderen vier Geschmäcker benötigt, um den Verdauungsorganen bei der Arbeit zu helfen. Wenn wir Milz und Magen, unseren Körper nicht ausreichend mit den Grundnahrungsmitteln versorgen, kann sich ein Heißhunger auf Süßes entwickeln. Dem mit einer Tafel Schokolade nachzugeben, mag sehr befriedigend sein, aber leider verstärkt es das Problem noch. Andere Speisen aus der „süßen" Ecke des Nahrungsmittelkreislaufes sind da hilfreicher. Alternativ empfehle ich Ihnen mal ein Kompott. Datteln, Rosinen oder eine Handvoll Nüsse stillen Gelüste auf gesündere Art. Und auch ein gutes Stück Schokolade oder Kuchen sei Ihnen von Zeit zu Zeit von Herzen gegönnt!

Metall/scharf: Dieser Geschmack ist dem Element Metall zugeordnet und bringt unsere Energie auf Trab, besonders in Lunge und Dickdarm. Er wirkt bewegend, regt Verdauung und Stoffwechsel an und bringt uns öfter mal ins Schwitzen. Gewürze wie Majoran, Koriander, Muskat, Pfeffer, Ingwer und Chili sowie Rettich, Lauch und Zwiebeln gehören in diese Gruppe. Das spürt man zum Beispiel bei einem Essen an der Wirkung von Scharfem, wenn nach Rettich, Ingwer oder Meerrettich die Atemwege bis in die letzte Hirnwindung gereinigt erscheinen. Scharfe

Elemente beleben so die Sinne und sind die Stimmungsmacher an trüben Tagen.

Wasser/salzig: Salziges gehört zum Element Wasser. Es wirkt aufweichend, leicht abführend (denken Sie an das Extrem Glaubersalz!) und leitet Substanzen tief ins Innere des Körpers. Niere und Blase sind hier zugeordnet. Alles, was aus dem Wasser kommt (Fische, Meeresfrüchte), sowie Hülsenfrüchte (Bohnen, Linsen, Kichererbsen) werden für diese Organe als besonders nahrhaft angesehen. Mit dem salzigen Geschmack ist nicht allein unser Kochsalz gemeint, das wir nur in kleineren Mengen und möglichst unraffiniert verwenden sollten. Sondern wir finden hier viele weitere Nahrungsmittel, die unseren Körper mit den notwendigen Mineralien versorgen. Dazu zählen Algen oder Würzmittel wie Sojasauce und Miso (eine fermentierte Paste aus Sojabohnen) und natürlich unser Trinkwasser.

Holz/sauer: Als Pendant zum Element Holz wirkt Saures säftebewahrend, zusammenziehend. Denken Sie hier einmal an sauren Früchtetee oder einen Löffel Zitronensaft im Mund. Ein wenig Zitronensaft in einem Sommergetränk bewahrt vor extremem Schwitzen und hilft damit, die Körpersäfte zu erhalten. Leber und Galle werden besonders von sauren Nahrungsmitteln beeinflusst. Sauer macht zwar lustig, aber zu viel davon behindert die Arbeit der Leber und schnürt den Energiefluss ein. Essig oder saures Obst gehören ebenso zum sauren Geschmack wie Tomaten, Salate, Kräuter, Sprossen, Sauerkraut, Joghurt und Quark. Kleine Mengen saurer Nahrungsmittel unterstützen durch ihre Enzyme die Verdauung, wie der Teelöffel Essig in der Linsensuppe und Zitrone zu Fisch oder Fleisch. Salate, Kräuter und Sprossen liefern dazu viele Vitamine.

Feuer/bitter: Dieser Geschmack ist dem Element Feuer sowie den Organen Herz und Dünndarm zugeordnet. Er wirkt ausleitend, das heißt, er hilft uns durch die Bitterstoffe bei Verdauung und Ausscheidung. Als Gewürze kommen zum Beispiel Kurkuma, Paprika, frischer Rosmarin, Thymian und Oregano

Thermik	Wirkung im Körper	Nahrungsmittelbeispiele	Empfehlung
Kalt	starke Kühlung, reduziert Hitze	Gurken, Joghurt, Melone, Rhabarber, Südfrüchte, Tomaten	besonders bei Sommerhitze
Erfrischend	führt Feuchtigkeit, und Säfte zu, erfrischt	Aubergine, Beeren, Chinakohl, Früchtetees, Gerste, Knollen- und Stangensellerie, Kohlrabi, Paprika, Pfefferminze, Salate, Salbei, Sauermilchprodukte, Spargel, Spinat, Sojaprodukte, Tintenfisch, Weizen, Zucchini	zu allen Jahreszeiten, verstärkt in den warmen Monaten
Neutral	nährt und spendet Energie	Eier, Fette/Öle, viele Fleisch- und Fischsorten, viele Getreidesorten, Hülsenfrüchte, Karotten, Kartoffeln, Kohl, Nüsse, Pilze	zu allen Jahreszeiten
Warm	bewegt und wärmt, stärkt die Abwehrkräfte	Anis, Fenchel, Hafer, Huhn, Ingwer (frisch), Kräuter (viele getrocknete), Kümmel, Kürbis, Lauch, Lorbeer, Majoran, Marone, Meerrettich, Nelke, Reh, Rosenkohl, Senf, Süßkartoffel, Walnüsse, Zwiebeln	zu allen Jahreszeiten, verstärkt in den kalten Monaten
Heiß	starke Erhitzung, reduziert Kälte	Chili, Curry, Hirsch, Knoblauch, Lamm, Pfeffer, Piment, Sternanis, Yogi-Tee	besonders bei Winterkälte

Bei einer Erkältung lieber zu Ingwertee als zu einer heißen Zitrone greifen, denn sie sorgt dafür, dass wir noch weiter abkühlen.

infrage. Natürliche Bitterstoffe wie in Radicchio, Chicorée oder Artischocke sind ebenfalls günstig, da sie auf unseren Körper nicht austrocknend wirken. Interessanterweise haben die künstlichen Bitterstoffe, die beim Rösten (Kaffee) oder Fermentieren (Rotwein) entstehen, genau die gegenteilige Wirkung: Sie trocknen aus und sollten deshalb nur in kleineren Mengen genossen werden.

Eine weitere wichtige Seite bei der Persönlichkeit von Nahrungsmitteln ist der thermische Charakter, also die wärmende oder kühlende Wirkung auf unseren Körper.

Thermik der Nahrungsmittel, der Spannungsbogen von kalt bis heiß

Indisches Vindaloo-Curry, scharfes Chili oder ungarische Gulaschsuppe mit reichlich Paprika – viele lieben diese Gerichte, auch wenn uns beim Essen der Schweiß auf der Stirn steht. Denn Curry, Chili und Knoblauch heizen uns kräftig ein, es sind thermisch heiße Gewürze. Wenn wir auf das Curry beispielsweise einen Klecks Joghurt mit Minze geben, lindert das die hitzige Wirkung ab. Denn Joghurt und Minze sind thermisch kühlende Lebensmittel.

Dieses Beispiel zeigt, was mit thermischer Wirkung gemeint ist. In der Thermik findet sich der Dualismus von Yin und Yang wieder. Bestimmte Lebensmittel wirken erfrischend oder kalt (Yin), während andere Lebensmittel erwärmend oder heiß (Yang) wirken. Neutrale Nahrungsmittel stärken beide Pole. Gezielt eingesetzt, spielen die Temperatureigenschaften eine wichtige Rolle zur Stärkung der Gesundheit.

Die Tabelle auf Seite 17 veranschaulicht die Wirkweise von heiß, warm, neutral, erfrischend bis kalt sehr gut.

Was bedeutet das für unsere täglichen Mahlzeiten? Bei unserer Nahrungsaufnahme folgen wir der thermischen Eigenschaft von Nahrungsmitteln oft intuitiv. Haben Sie im Sommer bei 30 °C Lust auf Glühwein und deftige Eintöpfe oder im Winter bei –10 °C auf einen kühlen Obstsalat? „Ganz im Gegenteil!", werden Sie wahrscheinlich sagen. Wenn es also richtig heiß ist oder knackig kalt, beginnt der Spezialauftrag der entsprechenden Nahrungsmittel, nämlich bei Hitze zu kühlen und bei Kälte wärmend auszugleichen.

Die Extreme heiß und kalt sollten Sie am besten nur in kleinen Mengen zu sich nehmen, sie sind wirklich effektiv in ihrer Wirkung. Hören Sie ein wenig auf sich selbst: Laufen Sie bei Sommerhitze noch mit der Fleecejacke herum und tragen nachts im Bett Socken? Dann gehören Sie zu den Fröstlern und sollten die kalten Nahrungsmittel weitgehend meiden, kalt ist Ihnen ja ohnehin schon. Umgekehrt: Wem immer zu warm ist, dessen innere Hitze benötigt nicht noch Unterstützung durch viele heiße Nahrungsmittel.

Neutrale, erfrischende und warme Nahrungsmittel bilden dagegen das gemäßigte Mittelfeld, das ganzjährig zum Einsatz kommt. Ungeachtet, ob Fröstler oder Hitzkopf: Die neutrale Gruppe stärkt uns, sie enthält die nahrhaften Vertreter und sollte deshalb den Hauptteil unserer Ernährung ausmachen. Die erfrischenden Nahrungsmittel helfen dem Körper, Säfte und Blut für die Befeuchtung von Haut, Haaren und Schleimhäuten zu bilden. Die warmen Lebensmittel bringen Dynamik in den Stoffwechsel. Sie stärken unsere Abwehrkräfte und wärmen uns – die ideale Vorbereitung auf die Winterkälte. So sollte also im Winter der Schwerpunkt mehr in die erwärmende Richtung gehen, im Sommer mehr in die erfrischende. Die Natur unterstützt uns zusätzlich ganz unaufdringlich, denn sie liefert in den betreffenden Jahreszeiten die passenden Produkte wie zum Beispiel Tomate und Gurke im Sommer, Rosenkohl und Kürbis im Winter. Auch hier haben Sie wieder einen guten Grund, saisonal einzukaufen, denn dann liegen Sie thermisch genau richtig.

Auch die Art der Zubereitung hat Auswirkungen auf die Thermik von Nahrungsmitteln. Durch Grillen, Braten, Backen, Rösten oder langes Kochen erwärmen (yangisieren) sich die Speisen. Kühlendes Obst gekocht als Kompott mit erwärmenden Gewürzen ist dann auch für kalte Tage gut geeignet. Erfrischende (yinisierende) Kochtechniken dagegen sind Blanchieren, Dämpfen, Dünsten oder das kurze Kochen in wenig Wasser. Durch Zugabe von kühlenden Zutaten wie Obst, Südfrüchten, Sprossen und Fruchtsäfte können Sie hitzige Speisen erfrischen. Ein scharfes Curry wird durch die Zugabe von Ananas also erfrischt.

Und zum Schluss noch zwei verblüffende Beispiele: Die TCM stuft Zitrone und Orange als thermisch kalt ein. Obgleich uns im Winter die Südfrüchte überschwemmen und ihre Vitamine zu Recht gepriesen werden, sind sie doch durch ihre thermische Wirkung für die kalte Jahreszeit nicht geeignet. Sie verlangsamen durch ihre kühlende Wirkung die Verdauung und kühlen bei übermäßigem Genuss unseren Körper ab. Die Abwehrkraft wird geschwächt, einer Erkältung sind Tür und Tor geöffnet. Und erinnern Sie sich beim sauren Geschmack an die Wirkung von Zitronen, nämlich zusammenziehend.

Meine Empfehlung: Versuchen Sie es im Kampf gegen eine beginnende Erkältung statt mit heißer Zitrone lieber mit einem heißen Ingwertee, der bringt uns zum Schwitzen.

Im nächsten Kapitel stelle ich Ihnen das Kochen im Uhrzeigersinn gemäß der 5-Elemente-Küche vor.

Rundherum kochen

In den Rezepten werden Sie feststellen, dass Zutaten den Elementen zugeordnet sind, jedoch meist der Logik des Kochprozesses folgen. Das heißt, die Zutatenliste entspricht nicht immer dem Elementezyklus, da sie so sortiert ist, dass Sie so zeitsparend wie möglich kochen können. Beim Kochen der Rezepte selbst hingegen werden Sie feststellen, dass die einzelnen Zutaten nach den Elementen geordnet wie in der folgenden Grafik in den Topf gegeben werden. Auch das beruht auf dem Grundsatz der fünf Elemente. Die Speisen werden dadurch schmackhaft und harmonisch, und durch die Zugabe im sogenannten Fütterungszyklus der fünf Elemente unterstützen sie sich gegenseitig und machen das Essen bekömmlich und wohlschmeckend.

Doch nicht nur was und wie wir essen, ist wichtig, sondern auch der richtige Zeitpunkt ist ausschlaggebend.

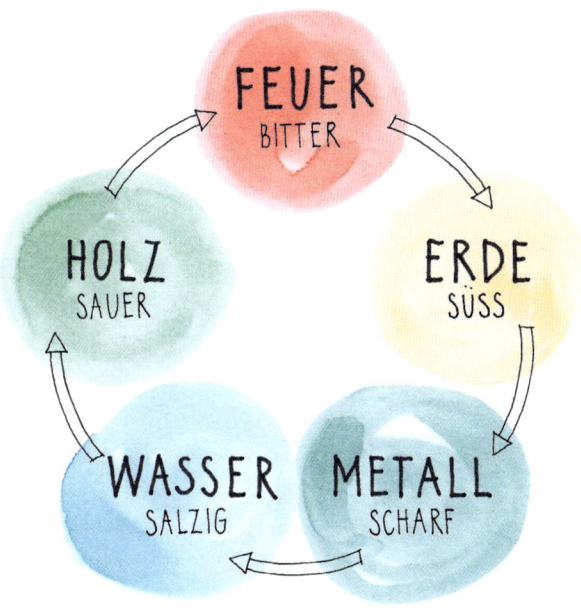

DIE ORGANUHR UND WIE SIE TICKT

Jeder von uns hat sich sicherlich schon einmal diese Fragen gestellt: Welchem Rhythmus folgen wir? Können wir uns zu gewissen Zeiten besser konzentrieren? Wann sollten wir unser Essen einnehmen?

Die Organuhr, ein Modell aus der TCM, bietet uns interessante Antworten auf diese Fragen. Sie beschreibt unsere innere Uhr, den 24-stündigen Energiekreislauf, den unser Körper durchläuft. Innerhalb dieses Kreislaufes hat ein Organ jeweils für zwei Stunden eine Hochzeit und wird besonders mit Energie versorgt, das ihm gegenüberliegende Organ hat – zwölf Stunden versetzt – zeitgleich seine inaktivste Phase.

Lunge: 3–5 Uhr Hochzeit, 15–17 Uhr Ruhephase
Während der Tiefschlafphase wird körpereigenes Melatonin ausgeschüttet, wir sind physisch und körperlich am Tiefpunkt. Die Lunge hat ihre Hochphase, es wird mehr Sauerstoff in den Körper gebracht. Bei der Lunge, dem einzigen unserer Organe, das wir bewusst beeinflussen können, geht es um Aufnehmen und Loslassen. Die Atmung beeinflusst unseren ganzen Körper und versorgt ihn mit Energie. Besonders in den frühen Morgenstunden wird diese neue Energie aufgetankt, in fernöstlichen Klöstern beginnen deshalb die Mönche zu dieser Zeit ihre Meditations- und Atemübungen.

Asthmatiker werden wissen, dass sich um diese Tageszeit am häufigsten Anfälle ankündigen. Auch Menschen mit Sorgen oder Depressionen werden typischerweise um diese Zeit wach. Das könnte damit zusammenhängen, dass Lunge wie Dickdarm aus Sicht der TCM für die Emotion Trauer stehen. Auf der entgegengesetzten Seite der Organuhr erreicht die Blase ihren tiefsten Punkt und Männer mit Prostatabeschwerden oder Frauen mit schwacher Blase treibt es jetzt aus dem Bett.

Die Lunge sollte so oft wie möglich durch frische Luft unterstützt werden, am besten durch Bewegung draußen oder regelmäßiges Lüften und nicht zu trockene, möglichst rauchfreie Raumluft. Guter Schlaf ist wichtig, denn die Lunge ist verantwortlich für unser Immunsystem. Sie mag Rhythmus wie Singen oder Tanzen. Dazu gehören auch regelmäßige Mahlzeiten und bewusste Wechsel zwischen aktiven und ruhenden Phasen.

Dickdarm: 5–7 Uhr Hochzeit, 17–19 Uhr Ruhephase
Viele Menschen drängt es am Morgen auf die Toilette. Der Dickdarm hat Hochzeit. Als Partnerorgan der Lunge, die sich mit gasförmigen Stoffen beschäftigt, kümmert sich der Darm um den Transport der festen Stoffe im Körper. Auch hier geht es ums Aufnehmen und Loslassen. Diese morgendliche Reinigung befreit uns von Schlacken und giftigen Substanzen.

Ein Glas abgekochtes, heißes Wasser bringt den Darm so richtig in Schwung. Er hasst Völlerei und liebt es, zwischendurch mal einige Tage Pause von den gängigen Genussmitteln Zucker, Alkohol und Kaffee zu bekommen. Gerade der Darm liebt die Regelmäßigkeit. Jeder von uns hat schon erfahren, wie sich die tägliche Darmentleerung verschiebt oder ausfällt, wenn wir in den Urlaub fahren. Oder gar ins Gegenteil umschlägt und unangenehmen Durchfall verursacht. Da muss es noch nicht einmal eine Fernreise über Zeitzonen hinweg sein.

Sowohl Lunge als auch Darm sprechen gut auf (mäßig!) scharfe Nahrungsmittel an, denn diese öffnen die Poren, wirken anregend und fördern die Verdauung. Hierzu zählen Kräuter wie Schnittlauch, Dill und Kresse, Gewürze wie Majoran, Kümmel und Muskat sowie alles, was ätherische Öle enthält, beispielsweise frischer Ingwer, Zwiebeln, Radieschen, Meerrettich.

Magen: 7–9 Uhr Hochzeit, 19–21 Uhr Ruhephase
Der Körper kommt allmählich auf Touren und der Magen startet seine Arbeitsschicht. Schon im Volksmund heißt es: „Frühstücke wie ein Kaiser!" Jetzt ist die günstigste Zeit, dem Körper energiehaltige

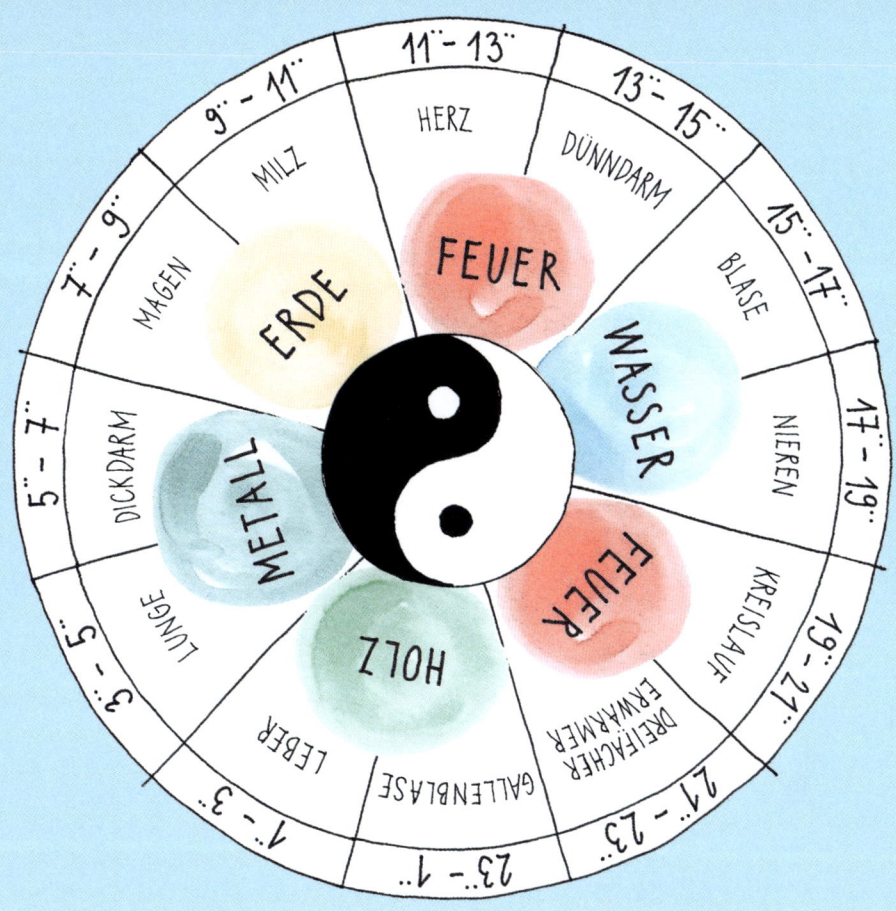

Nahrung zuzuführen, damit das Elf-Uhr-Loch keine Chance hat.

Die Verdauung läuft auf Hochtouren, deshalb keine Angst vor üppigen Morgenmahlzeiten! Ohne zu essen das Haus zu verlassen, ist eher für Übergewicht und diverse Zivilisationskrankheiten verantwortlich als ein reichliches, warmes Frühstück aus Getreidebreien oder Suppen mit Getreideeinlagen und Gemüse. Die Briten mit ihrem Porridge oder die Chinesen mit ihren Frühstückssuppen machen es vor! Nehmen Sie sich Zeit für diese Mahlzeit, genießen Sie sie in Ruhe. Es lohnt sich absolut, dafür den Wecker früher zu stellen und/oder einen Teil der Gerichte am Vorabend vorzubereiten.

Der Sprachgebrauch greift häufig auf Metaphern rund um den Magen zurück, und das nicht ohne Grund: Etwas stößt auf, liegt im Magen, muss verdaut werden, man schluckt etwas – heftige Emotionen schlagen tatsächlich vielen auf den Magen.

Nach 19 Uhr beginnt die Ruhephase des Magens, und er hat Feierabend. Es ist ratsam, während dieser Ruhezeit so wenig wie möglich zu essen, denn alles, was dann noch hineingelangt, bleibt liegen und plagt uns am nächsten Tag oft mit Völlegefühl. Frühstückshunger stellt sich auch nicht ein.

Milz und Bauchspeicheldrüse: 9–11 Uhr Hochzeit, 21–23 Uhr Ruhephase

Während die Milz Blut speichert und in der Immunabwehr aktiv ist, produziert die Bauchspeicheldrüse Insulin und hält den Blutzuckerspiegel konstant. Die Bauchspeicheldrüse geht an die Enzymproduktion, und wir sind geistig am leistungsfähigsten. Vormittags gelingen in der Regel Prüfungen am besten. Packen Sie alles an, was Sie sich für den Tag an Wichtigem vorgenommen haben und das eine Extraportion Hirnschmalz erfordert! Bei Milz und Bauchspeicheldrüse ist das viel zitierte Bauchgefühl anzusiedeln, denn sie sind für die Intuition zuständig. Für den Vormittag sind auch chirurgische Eingriffe oder

Röntgenbilder empfohlen, die Wundheilung geht beschleunigt vonstatten.

Für den Kreis von Magen, Milz und Bauchspeicheldrüse eignen sich besonders, wie wir gesehen haben, mild-süße Nahrungsmittel wie gekochtes Getreide, Kürbis oder Karotten, weil sie ausgleichen und befeuchten. Sie beruhigen die Nerven und stärken die Mitte. Gerade in Stresssituationen greifen wir deshalb gern zu Süßigkeiten.

Herz: 11–13 Uhr Hochzeit, 23–1 Uhr Ruhephase

Bei diesem Muskel, unserer wichtigsten Pumpe des Körpers, geht es nicht nur um Zirkulation, sondern um all die psychischen Eigenschaften, die auch der Volksmund dem Herzen zuschreibt: Freude, Liebe, Herzensfeuer.

Jeder stellt an sich selbst fest, dass gegen Mittag die Konzentration nachlässt und der Magen säuerlich reagiert und Nachschub verlangt. Körperliche Belastungen und Stress sollten um diese Zeit vermieden werden. Ein leichtes, nährendes Mittagessen im Kreis netter Menschen bei angeregter Unterhaltung erfreut das Herz, denn es steht für Kommunikation und Freude. Das Essen sollte nicht zu schwer sein, um dem Körper nicht die Energie für den Rest des Tages zu rauben. Beim Essen keine Zeitung lesen, nicht E-Mails checken oder Selfies auf Facebook posten, sondern sich ganz bewusst dem Essen und dem Genuss widmen!

Das Herz liebt ebenfalls Bewegung und Tanz, aber auch Gesang – ganz allein, wo es niemand hört, oder mit anderen. Braucht es mittags Anregung, sollte die lieber durch die Mitmenschen oder angenehme Tätigkeiten gesucht werden als durch Alkohol oder zu viel Kaffee. Mediterrane Kräuter, speziell der Rosmarin, wirken sehr anregend für Kreislauf und Herz.

Dünndarm: 13–15 Uhr Hochzeit, 1–3 Uhr Ruhephase

Nach dem Essen ist der Dünndarm aktiv: Er verdaut und zerlegt mit seinen Enzymen die Nahrung in Zucker, Eiweiß und Fett. Gute Inhaltsstoffe werden verwertet, Überschüssiges wird zur Entsorgung in Richtung Niere, Blase und Dickdarm transportiert. Oft fühlen wir uns um diese Zeit müde. Wer kann, macht jetzt eine kurze Pause oder einen Spaziergang – die südeuropäische Siesta trägt dem übrigens Rechnung. Der Blutdruck sinkt, Sport um diese Zeit behindert die Verdauungsarbeit eher.

Bittere Nahrungsmittel wie Blattsalate (Chicorée, Rucola, Radicchio) eignen sich als Beilage zum Mittagessen, denn sie unterstützen dieses Organsystem aus Herz und Dünndarm und gleichzeitig die Verdauung.

Blase: 15–17 Uhr Hochzeit, 3–5 Uhr Ruhephase

Das Tief nach dem Mittagessen ist überwunden, Energie und Blutdruck steigen für eine zweite produktive Phase des Tages. Eine perfekte Zeit, um Gelerntes zu behalten und im Langzeitgedächtnis zu speichern.

Die Blase ist jetzt aktiver. Damit sie ungehindert Urin ausscheiden kann, hilft um diese Zeit eine verstärkte Flüssigkeitsaufnahme. Im angelsächsischen Bereich ist jetzt Tea Time. Die Blase wird gespült, die Lunge (ihre schwache Zeit!) befeuchtet. Trinken Sie eine Tasse Tee oder ausreichend Wasser. Gegen trockene Büroluft hilft ein leckeres Kompott, das die Säfte des Körpers ergänzt.

Nieren: 17–19 Uhr Hochzeit, 5–7 Uhr Ruhephase

Nach der Blase starten nun die Nieren mit ihrer

Ein schönes Mittagessen, zusammen mit netten Menschen, ist eine Freude fürs Herz – so lässt es sich wunderbar genießen.

Entschlackungsarbeit. Sie haben nach Herz und Gehirn den höchsten Sauerstoffbedarf in unserem Körper. Sie verdienen unseren Schutz und besondere Wärme, damit uns nichts an die Nieren geht, wie die Redewendung treffend bemerkt.

Wer die Möglichkeit hat, sollte den Tag bewusst ausklingen lassen, etwas Musik hören, sich ruhiger beschäftigen. Es ist auch wieder Essenszeit: Ein leichtes, fettarmes Abendessen ohne viel Salat unterstützt die Nieren bei ihrer Reinigung.

Nierenstörungen, die häufig bei Ängsten, Verlusten oder Panikgefühlen auftreten, können sich als Erschöpfung, Schlafstörungen, Tinnitus/Schwerhörigkeit oder auch Asthma äußern.

Kreislauf/Perikard: 19–21 Uhr Hochzeit, 7–9 Uhr Ruhephase

Der Magen stellt nun langsam seine Arbeit ein. Leider ist das die typische Zeit, in der Berufstätige endlich mit ihrer Familie am Tisch sitzen können oder man sich mit Freunden im Restaurant bei einem schönen Glas Wein trifft. Dem Gefühl von Nähe und Wärme, die in dieser Zeit wichtig sind, tut das gut. Wählen Sie aber die Gerichte ganz bewusst aus – beispielsweise ein leichtes, fettarmes Abendessen ohne Rohkost oder Salat – und hüten Sie sich vor den Snacks vorm Fernseher. Die ungesündesten Kalorien stecken im Fett, in den Kohlenhydraten und Zusatzstoffen von Chips und Co.

Abends noch etwas Entspannung, ob mit Yoga oder Qi-Gong, tut gut und sorgt für einen guten Schlaf.

Dreifach-Erwärmer: 21–23 Uhr Hochzeit, 9–11 Uhr Ruhephase

Kommen Sie zur Ruhe, lassen Sie den Tag nun langsam ausklingen, damit einer entspannten Nachtruhe nichts im Weg steht. In der Zeit des Dreifach-Erwärmers (siehe Seite 13) werden alle Stoffwechselfunktionen reguliert und beruhigt. Energie und Wärme werden im Körper verteilt, damit alle Bereiche und Organe gut versorgt sind. Regelmäßige Massagen, Yoga oder Qigong unterstützen dieses System. Das Essen und Trinken sollte idealerweise eingestellt werden.

Gallenblase: 23–1 Uhr Hochzeit, 11–13 Uhr Ruhephase

Die Gallenblase macht sich an die Arbeit der Fettverdauung. Der Rest des Körpers entspannt und begibt sich zur Ruhe, senkt die Körpertemperatur und fährt auch den Stoffwechsel herunter. Die Haut regeneriert sich, aber es ist auch die Zeit der Juckanfälle für Neurodermitis-Patienten.

Bitterstoffe unterstützen die Galle und ihre Fettverdauung, Fettiges bringt sie an ihre Kapazitätsgrenzen. Sie zieht Gedünstetes vor. Ihre Schwachzeit hat sie mittags, deshalb die Empfehlung, bei dieser Mahlzeit am Fett zu sparen und mit Bitterstoffen die Verdauung zu unterstützen.

Bei Ärger wird sie gern zitiert, dann geht jemandem die Galle über. Über sie wird Zorn und zu viel Stress sichtbar. Sie mag es lieber, wenn man Ruhe gibt, sich Zeit nimmt und entspannt. Bringt man sich um diese Zeit um den Schlaf, rächt sich das am nächsten Tag.

Leber: 1–3 Uhr Hochzeit, 13–15 Uhr Ruhephase

Die Leber ist mit der Entgiftung an der Reihe. Sie gilt als größtes Stoffwechselorgan und hält Blut und Körpersäfte in Fluss.

Unser Körper befindet sich in seiner Leistungsfähigkeit auf dem Tiefpunkt, Tiefenentspannung findet statt. Ist Ihnen schon mal aufgefallen, dass Sie nach einem Nachtflug mit Halbschlaf in sitzender Position eine sehr blasse, manchmal gelbliche Gesichtsfarbe haben? Das liegt daran, dass die Leber eine liegende Körperhaltung bevorzugt, um in jeder Ecke des Körpers ihre reinigende Wirkung zu entfalten. Wie die Galle reagiert auch die Leber empfindlich auf Stress,

Grünes Gemüse schmeckt nicht nur knackig-frisch, es ist auch für die Arbeit unserer Leber ideal.

Druck und Ärger. Laufen uns wieder einmal die sprichwörtlichen Läuse über die Leber, greifen wir gern zu Süßigkeiten, denn süß entspannt.

Die Leber mag Wärme, erfrischende grüne Gemüse und etwas Säure, um die Körpersäfte zu konzentrieren und Energie aufzubauen.

Im nächsten Kapitel wird erklärt, was die Botschaften der Organuhr bedeuten, wie wir unsere täglichen Mahlzeiten gestalten, wann wir sie am besten zu uns nehmen und warum gekochte Mahlzeiten besser sind.

Die 5-Elemente-Küche im Tagesablauf

Der Volksmund weiß es schon längst: Iss morgens wie ein Kaiser, mittags wie ein Edelmann, abends wie ein Bettler. Diese alte Weisheit hat bis heute ihre Gültigkeit und wird auch in der 5-Elemente-Ernährung umgesetzt.

Ein warmes, nährendes Frühstück ist der Grundpfeiler der 5-Elemente-Ernährung – es wirkt wie Superbenzin auf unseren Motor! Es weckt die Lebens-

geister, unsere Yang-Energien, regt den Stoffwechsel an und führt dem Körper Wärme und Kraft zu. Es empfehlen sich Suppen, gekochtes Getreide wie Grieß- und Hirsebrei oder Polenta, wahlweise pikant mit Gemüse oder süß mit Kompott und Nüssen. Auch ein Rührei mit Kräutern ist eine stärkende Morgenmahlzeit. Testen Sie, was Ihnen am besten schmeckt und bekommt und Sie lange satt macht. Das Kochbuch bietet hierfür viele Anregungen, die immer wieder abgewandelt werden können.

Erinnern Sie sich an die Kochtopfanalogie der drei Erwärmer? Sie können sich vielleicht vorstellen, dass – anders als in der westlichen Philosophie – das Verdauungsfeuer durch ein Frühstück aus kaltem Orangensaft und Obst oder rohem Müsli (sprich: Haferflocken und Co. direkt aus der Packung) übergossen mit kühlschrankkaltem Joghurt oder Milch nicht gerade angeheizt wird. Zuerst einmal muss Energie aufgewendet werden, um all das auf Temperatur zu bringen, denn die Milz braucht Wärme für den Stoffwechselvorgang. Das erschwert die Verdauung und auf Dauer wird das System überarbeitet. Das könnte sich beispielsweise in Blähungen, Verdauungsbeschwerden und einer Schwächung des Immunsystems äußern.

Um die Mittagszeit sollte die Mahlzeit der Stärkung von Yin und Yang gleichermaßen dienen und Energie für die Herausforderungen der zweiten Tageshälfte liefern. Ideal ist leichte Kost, die sättigt und das Verdauungssystem wenig belastet. Gedünstete, blanchierte, geschmorte oder gebackene Speisen sind gut bekömmlich. Das wären beispielsweise Suppen, Wok-Gerichte, gedünstetes Gemüse, kleinere Mengen Blattsalate, Rohkost und Obst und frische Kräuter, dazu als Eiweißlieferanten kleinere Mengen Fisch, Fleisch, Hülsenfrüchte, Pilze oder Tofu. Als Beilage sind Kartoffeln, Reis oder anderes gekochtes Getreide denkbar. All das wird jetzt am besten verdaut und bietet kraftvolle Energiequellen für den gesamten Körper.

Frittierte, panierte und fettreiche Mahlzeiten, dicke Sahnesaucen oder mit viel Käse überbackene Gerichte liegen dagegen lange im Magen, und es muss viel Energie für die Verdauung aufgewendet werden. Das macht müde und schlapp – jeder hat die Essnarkose nach Currywurst und Fritten am frühen Nachmittag schon einmal am eigenen Leib erfahren.

Fettreiche, panierte und frittierte Mahlzeiten lieber meiden – gedünstete und gedämpfte Gerichte sind da die bessere Wahl.

Am Nachmittag können Sie als kleine Zwischenmahlzeit ohne Weiteres frisches, reifes Obst, Kompotte oder auch mal einen Joghurt genießen.

Das Abendessen dient dann überwiegend dem Aufbau des Yin und sollte dafür sorgen, dass nach einem langen Tag etwas Ruhe einkehrt, und so guten Schlaf fördern. Deshalb ist ein bekömmliches Abendessen wichtig. Für viele von uns lässt der individuelle Tagesablauf nicht zu, mittags ausführlicher und abends dann eher karg zu essen. Doch auch wenn das Abendessen Ihre Hauptmahlzeit ist, sollte sie nicht zu üppig ausfallen. Mit zunehmendem Alter steckt man dicke Pizzen, Steaks und stark gewürzte Speisen am Abend nicht mehr weg und wacht nachts schwitzend auf, weil der Körper mit der Verdauung überfordert ist. Auch Salat, Rohkost oder Obst sind, wie schon erwähnt und man mag es kaum glauben, tatsächlich am Abend schwere Kost. Gemüseeintöpfe, Suppen, Salate aus gedünstetem Gemüse, Pilze, Tofu und Nüsse sind deutlich bekömmlicher, und auch Kartoffeln und gekochtes Getreide sind empfehlenswert. Einladungen und Restaurantbesuche gehören jedoch zum Leben, und die sollten Sie auch genießen. Vielleicht tragen dieses Buch und seine Rezepte aber dazu bei, dass Ihnen bewusster wird, was Ihnen guttut. Aber wenn Sie meinen, Sie bräuchten heute das Geschnetzelte mit Käsespätzle und Sahnesauce, dann verkneifen Sie es sich nicht. Ich möchte nicht dogmatisch predigen, denn Essen soll immer Spaß machen.

Ein Wort zu den Getränken: Es versteht sich von selbst, dass Genussgetränke wie Kaffee oder Alkohol nur in Maßen konsumiert werden sollten. Doch sehen Sie das nicht sklavisch. Ein Espresso oder hin und wieder ein gutes Glas Wein oder Bier schaden nicht. Vermeiden Sie möglichst kühlschrankkalte oder gar eisgekühlte Getränke: Sie schaden der Verdauungskraft, besonders wenn sie während des Essens getrunken werden (Kochtopfbeispiel!). Das billigste, gesündeste, am leichtesten verfügbare Getränk ist und bleibt Leitungswasser oder stilles Wasser. Abgekocht und noch heiß vor dem Frühstück getrunken, wirkt es Wunder bei der Verdauung. Ergänzend können in kleineren Mengen unterschiedliche Tees und anstelle von zuckrigen Limonaden in Maßen mit Wasser verdünnte Fruchtsäfte getrunken werden.

Tipps zur Umsetzung im Alltag

Essen Sie möglichst regelmäßig drei Mahlzeiten – und möglichst viele davon als gekochte Gerichte, sie sind wesentlich bekömmlicher. Frische Kräuter, Blattsalate, Rohkost und Obst ergänzen die gekochten Mahlzeiten und liefern die notwendigen Enzyme und Vitamine. Gestalten Sie den Speiseplan abwechslungsreich, orientieren Sie sich dabei an dem saisonalen und regionalen Gemüse- und Obstangebot. Die jahreszeitliche Einteilung der Rezepte folgt dem bereits. Und entscheiden Sie sich beim Essen für Klasse statt Masse. Je hochwertiger, desto wertvoller für Ihr Wohlbefinden. Das gilt besonders auch beim Kauf von Fisch, Fleisch und Eiern.

Hochwertige native Öle sind wichtiger Bestandteil einer gesunden Ernährung. Einfach ungesättigte Fettsäuren wie in Olivenöl unterstützen die Fettverbrennung. Mehrfach ungesättigte Fettsäuren wie aus Walnuss-, Kürbiskern- und Leinöl sind wichtig für unseren Stoffwechsel. Kaufen Sie diese nur in kleinen Mengen, sie werden schnell ranzig und gehören nach dem Öffnen in den Kühlschrank. Auch ein gutes Bratöl wie Sonnenblumen- oder Kokosöl sollte in höchster Qualität gekauft werden und ist für den Vorrat geeignet. Gleiches gilt für Essig, Senf und Würzsaucen wie Sojasauce.

In diesem Kochbuch finden Sie nur wenige Rezepte mit Joghurt und Quark. Das liegt daran, dass sie aus Sicht der TCM, im Übermaß genossen, zu Feuchtigkeitsproblemen wie der Verschleimung der Bronchien beitragen können. Sie sind deshalb nur in kleinerer

Das beste Getränk ist immer noch stilles Wasser und das gute alte Leitungswasser. Ab und zu können Sie es mit etwas Fruchtsaft gemischt genießen.

Menge zu empfehlen. Die Sauermilchprodukte wirken kühlend auf den Körper und sind für Menschen mit Kältegefühlen (Yang-Mangel) nicht so günstig. Im Sommer und für Menschen mit trockener Haut und Schleimhäuten sind sie in kleinerer Menge zu empfehlen. Sie werden deshalb öfter Kokos- und Hafermilch sowie Sojasahne in den Rezepten als Ersatz für Kuhmilchprodukte finden. Oder Produkte aus Schafmilch. Was nicht heißt, dass Sie auf Sahne oder Milch verzichten sollen. Testen Sie einfach mal eine Alternative und hören Sie, was Ihr Körper dazu sagt.

Zum Süßen empfehlen sich Agavendicksaft wie auch Vollrohrzucker oder Getreidemalze, weil sie den Insulinspiegel nicht so stark ins Schwanken bringen. Rohrohrzucker, Ahornsirup und Honig sind ebenfalls in kleineren Mengen empfehlenswert.

Sie vermissen Brot und Brötchen in meinen Aufzählungen? Das ist durchaus beabsichtigt, denn Brotmahlzeiten sind aus Sicht der 5-Elemente-Ernährung schwer bekömmlich und sollten nur in kleinen Mengen und eher selten als Hauptmahlzeit gegessen werden. Ich esse selbst gern mal ein gutes Stück herzhaft belegtes Brot. Wenn es Ihnen auch so geht, empfehle ich Ihnen, es vorab zu toasten. Kombinieren Sie es mit frischen Kräutern, etwas frisch geriebenem Meerrettich oder Senf, geraspeltem Rettich und ein paar Oliven. All das hilft der Verdauung bei der Arbeit. Aber auch mit Marmelade oder Honig bestrichen, können Sie ein Brötchen mal genießen.

Verwenden Sie bevorzugt Bionahrungsmittel. Wenn von Zitronensaft und abgeriebener Zitronenschale gesprochen wird, sind immer Biofrüchte gemeint. Auch Sojaprodukte wie Räuchertofu oder Sojasahne sollten Sie nur in Bioqualität kaufen.

Ungemahlene Gewürze, zum Beispiel ganzer Kümmel, Anis oder Fenchel, halten länger und entfalten frisch gerieben viel mehr Geschmack. Auch Pfeffer und Muskatnuss mahle ich immer frisch. Ein Mörser oder gute Reiben und Mühlen in der Küche sind eine prima Anschaffung. Vorsicht vor fertigen Gewürzmischungen, sofern nicht bio, da diese meist sehr viele Zusatzstoffe und Salz enthalten. Ingwer verwende ich immer frisch. Kräuter, wenn jahreszeitlich verfügbar, am besten frisch verwenden, sonst getrocknet in guter Qualität.

Als Salz verwende ich unraffiniertes Meer- oder Steinsalz ohne Rieselhilfe und Jod. Hüten Sie sich vor dem hohen Gehalt an Industriesalz, das oft in Produkten wie Fertiggerichten oder Wurst versteckt ist.

Energetisch wenig ergiebig sind alle Nahrungsmittel, die industriell verändert wurden, also Fertiggerichte, die Farbstoffe, künstliche Aromen und Süßstoffe, gehärtete Fette oder modifizierte Stärke enthalten. Aus diesen Nahrungsmitteln gewinnt der Körper nur wenig Energie. Durch den Verzehr von frischen Produkten reduzieren Sie zudem automatisch den Konsum von versteckten Fetten und Zucker.

Sind Sie sehr eingespannt, sind kleine Mengen hochwertige Fertig- oder Halbfertigprodukte aus dem Reformhaus oder Biomarkt durchaus mal eine Ausweichmöglichkeit. Gut verwendbar sind Suppen, gekörnte Brühe ohne Hefeextrakt, Bratlinge, Tomaten oder Bohnen aus der Dose. Kombinieren Sie diese Produkte mit frisch gedünstetem Gemüse und/oder einem kleinen Salat mit leckerem Dressing und frischen Kräutern. So ergänzen Sie Enzyme und Vitamine, und die Gerichte werden bekömmlicher.

Was mir zum Thema Bekömmlichkeit sehr am Herzen liegt, ist die Zeit, die Sie fürs Essen aufwenden. Es ist enorm wichtig, nicht zwischen Tür und Angel zu schlingen, sondern sich bewusst eine Pause zu gönnen, nicht am Schreibtisch zu bleiben und stattdessen in Ruhe zu essen und zu kauen. Ob allein, mit Freunden oder der Familie: Schaffen Sie sich zu Hause ein schönes Essambiente. Ein paar hübsche Servietten, eine Blume und ein sorgsam gedeckter Tisch runden das positive Erlebnis Essen ab, und Sie stimmen sich schon beim Tischdecken ein wenig auf die Mahlzeit ein. Wenn Ihnen und Ihren Lieben dann schon beim Geruch der appetitlichen Speisen das Wasser im Mund zusammenläuft, ist das bereits der erste Schritt zu einer guten Verdauung.

Bevorraten, haltbar machen, einkaufen

Es gibt genügend Nahrungsmittel, die Sie zu Hause bevorraten können, um schnell etwas Gutes zu kochen. Viele Produkte sind über lange Zeit haltbar. Planen Sie Ihre Mahlzeiten und machen Sie sich einen Einkaufszettel – das spart Zeit und Geld, und Sie vermeiden Fehlkäufe. Nutzen Sie die Rezepte für Ihre Einkaufsliste.

Dressings mit Essig und Öl können Sie vorbereiten und bis zum Einsatz, zum Beispiel für das Mittagessen, in den Kühlschrank stellen.

Natürlich wäre es optimal, täglich frisch zu kochen. Aber die Hektik des Alltags lässt das oft genug nicht zu. Viele Gerichte aus dem Rezeptteil wie Getreidefrühstücke und Kompott, Suppen und Eintöpfe, Risotto, Pesto oder Bohnenmus, Wok- und Ofengerichte und Desserts können in größerer Menge zubereitet werden. Luftdicht verpackt, können sie im Kühlschrank zwei bis drei Tage aufbewahrt werden. Viele Speisen lassen sich auch – wie Marmelade – nach dem Kochen heiß in sterile Schraubgläser abfüllen und halten dann längere Zeit im Kühlschrank. So haben Sie immer eine leckere Mahlzeit parat, wenn es mal schnell gehen muss oder zum Mitnehmen ins Büro.

Salatsaucen können ebenfalls gleich in größeren Mengen hergestellt und in Gläser oder Flaschen abgefüllt werden. Sie bleiben im Kühlschrank einige Tage frisch. Frische Kräuter sollten dann aber erst vor dem Verzehr dazugegeben werden. Auch Rohkost kann mariniert für mehrere Tage vorbereitet und, luftdicht verschlossen, im Kühlschrank gelagert werden. Das Marinieren sorgt nicht nur für guten Geschmack, es hilft auch der Verdauung. Salat bleibt gewaschen bis zum nächsten Tag frisch, wenn er in einem luftdichten Behälter im Kühlschrank aufbewahrt wird.

Mit diesen Tipps gelingen Ihnen schnelle, nahrhafte, schmackhafte Gerichte ohne großen Aufwand.

Ein Wort zum Schluss

Dieses Kochbuch bietet keine individuelle Ernährungsberatung oder Anleitung zur Selbstdiagnose. Vielmehr stellt es eine ausgewogene Ernährung für jedermann in Form von überaus leckeren und bekömmlichen Mahlzeiten vor – eben meine Wohlfühlküche. Bei der 5-Elemente-Ernährung liegt die eigentliche Kunst in der Kombination verschiedener Zutaten. Und: Sie sorgt dafür, dass wir unserer Mitte schmeicheln.

Wie ich schon im Vorwort schrieb, empfehle ich denjenigen, die ich begeistern konnte und die mehr über die 5-Elemente-Philosophie wissen möchten, eine Ernährungsberatung, die ihre persönliche Konstitution berücksichtigt.

Dies ist ein Buch für den Einstieg. Machen Sie sich bitte keinen zusätzlichen Stress bei der Umsetzung. Wenn Sie nicht zum Einkaufen kommen oder keine Zeit finden, in Ruhe zu kochen und zu essen, nehmen Sie es gelassen und verzeihen Sie sich. Hektik und Stress sind Feinde des guten und bekömmlichen Essens, schlagen Ihnen sprichwörtlich auf den Magen.

Morgen haben Sie eine neue Chance, eines der leckeren Gerichte auszuprobieren. Finden Sie heraus, was Ihnen guttut, keine Verdauungsprobleme bereitet und Sie nachts gut schlafen lässt. Das kochen Sie dann einfach regelmäßig und gehen so allmählich zu einer gesünderen, Sie vital haltenden Ernährung über. Jetzt wünsche ich Ihnen unendlich viel Spaß beim Kochen und Genießen!

Meine Empfehlungen

Für einige Produkte, die mir besonders am Herzen liegen, erhalten Sie hier die Bezugsquellen.

In meinen Rezepten verwende ich Münchner Kindl Senf. Vor allem der Feigensenf hat es mir angetan. Aber es gibt noch viel mehr zu entdecken!
www.muenchner-kindl-senf.com (Onlineshop und Verkaufsstellenverzeichnis)

Bei Tofu greife ich gern zu Produkten von der Tofurei Svadesha oder zu Taifun-Tofu – das sind ökologisch erzeugte Produkte in höchster Qualität.
www.svadesha.de (Kauf im Biomarkt oder Bestellung via Onlineshop möglich)
www.taifun-tofu.de (erhältlich im Bioladen)

Bei Gewürzen empfehle ich gern Produkte der Firmen Gewürzmühle Brecht, Sonnentor und Lebensbaum. Gewürze der Gewürzmühle Brecht erhalten Sie im Reformhaus, Produkte von Sonnentor und Lebensbaum im Bioladen.

Meine „Schokoladenfee" ist Birgit Heel. In ihren Kursen lernt man, wie man Schokolade und Pralinen selbst herstellt. Auf Bestellung fertigt sie Bestes aus Rohkakao – eine Sünde wert.
www.birgit-heel.de

Sollten Sie über die Anschaffung eines Dampfgarers nachdenken, empfehle ich Ihnen die Produkte von Miele. Sie haben mich bei meinen ersten Kochkursen im Miele Center in München sofort begeistert.
www.miele.de

Mit einem Dampfgarer lässt sich Essen auf die gesündeste und schonendste Art zubereiten. Gemüse behält so seine Farbe, Vitamine und Mineralstoffe bleiben erhalten, und die Aromen können sich optimal entfalten.

DIE REZEPTE

Nun geht's endlich los mit dem großen Rezeptteil zur 5-Elemente-Küche. Für jede Saison gibt es die passenden Rezepte für Frühstück, Mittag- und Abendessen sowie für den süßen Genuss. Außerdem gibt es auch immer Tipps, welche Auswirkung die Lebensmittel auf unsere Organe haben. Guten Appetit!

GEMÜSEBRÜHE

FÜR CA. 2 L SUPPE
ZUBEREITUNGSZEIT: 1 STUNDE 15 MINUTEN

 2 TL Salz

 ½ Bund Petersilie

 3 Wacholderbeeren, leicht angedrückt

 3 Karotten, geschält und grob gewürfelt, 1 Petersilienwurzel, geschält und grob gewürfelt, ½ Knolle Sellerie, geschält und grob gewürfelt

 1 Biozwiebel, ungeschält halbiert, ½ Stange Lauch, halbiert und gewaschen, 2 Lorbeerblätter, 1 fingerdicke Scheibe frischer Ingwer, ½ TL getrockneter Liebstöckel

3 l kaltes Wasser in einen Topf geben. Salz, Petersilie, Wacholderbeeren, Karotten, Petersilienwurzel, Sellerie, Zwiebel, Lauch, Lorbeerblätter, Ingwer und Liebstöckel hinzufügen. Aufkochen, die Temperatur reduzieren und mit aufgelegtem Deckel 1 Stunde sanft köcheln lassen. Am Ende der Kochzeit die Brühe durch ein Sieb abgießen, abkühlen lassen und zur weiteren Verwendung im Kühlschrank aufbewahren.

Fertig ist eine hochwertige und leckere Gemüsebrühe, die Sie für viele Rezepte in diesem Buch oder für eine schnelle Mahlzeit verwenden können. Übrigens: Biogemüse kann mit Schale verwendet werden, das Gemüse dann vorab gut waschen. Nach Saison können Sie auch andere Gemüsesorten in der Suppe mitkochen.

RINDERBRÜHE

FÜR CA. 2 L SUPPE
ZUBEREITUNGSZEIT: 2 STUNDEN 15 MINUTEN

 1 Spritzer Zitronensaft

 1 Msp. Kurkuma

 500 g Rindfleisch (zum Beispiel Beinscheibe, Brust, Hohe Rippe, Tafelspitz), 2 Rinderknochen, beides mit kaltem Wasser gut gewaschen

 1 Biozwiebel, ungeschält halbiert, ¼ Stange Lauch, halbiert und gewaschen, 1 Lorbeerblatt, 1 dünne Scheibe frischer Ingwer, ½ TL Pfefferkörner

 2 TL Salz

 ½ Bund Petersilie

 4 Wacholderbeeren, leicht angedrückt

 2 Karotten, geschält und grob gewürfelt, 1 Petersilienwurzel, geschält und grob gewürfelt, ¼ Knolle Sellerie, geschält und grob gewürfelt

3 l kaltes Wasser in einen Topf geben. Zitronensaft, Kurkuma und Rindfleisch mit den Knochen hinzufügen. Aufkochen lassen und den dabei entstehenden Schaum gründlich abschöpfen. Zwiebel, Lauch, Lorbeerblatt, Ingwer, Pfefferkörner, Salz, Petersilie, Wacholderbeeren, Karotten, Petersilienwurzel und Sellerie dazugeben. Einmal aufkochen, die Temperatur reduzieren und mit aufgelegtem Deckel etwa 2 Stunden sanft köcheln lassen, bis das Fleisch gar ist. Das Fleisch aus der Suppe nehmen und zum Beispiel als Suppeneinlage, Tellerfleisch oder für Salate verwenden. Die Brühe durch ein Sieb abgießen, abkühlen lassen und zur weiteren Verwendung im Kühlschrank aufbewahren.

Die Brühe wirkt wärmend und energieaufbauend. Meine Empfehlung: Kaufen Sie das Fleisch und die Knochen entweder in Bioqualität oder beim Metzger Ihres Vertrauens.

HÜHNERBRÜHE

FÜR CA. 2 L SUPPE
ZUBEREITUNGSZEIT: 2 STUNDEN 15 MINUTEN

 1 kleines, frisches Suppenhuhn, gründlich gewaschen

 4 Wacholderbeeren, leicht angedrückt

 2 Karotten, geschält und grob gewürfelt, 1 Petersilienwurzel, geschält und grob gewürfelt, ¼ Knolle Sellerie, geschält und grob gewürfelt

 1 Biozwiebel, ungeschält halbiert, ¼ Stange Lauch, halbiert und gewaschen, 2 Lorbeerblätter, 1 dünne Scheibe frischer Ingwer

 1 EL Salz

 ½ Bund Petersilie

3 l kaltes Wasser in einen Topf geben. Das Suppenhuhn hinzufügen und aufkochen lassen. Den dabei entstehenden Schaum gründlich abschöpfen. Wacholderbeeren, Karotten, Petersilienwurzel, Sellerie, Zwiebel, Lauch, Lorbeerblätter, Ingwer, Salz und Petersilie hinzufügen. Einmal aufkochen, die Temperatur reduzieren, mit aufgelegtem Deckel ca. 2 Stunden sanft köcheln lassen, bis das Fleisch gar ist. Das Huhn aus der Suppe nehmen, das Fleisch von den Knochen lösen und für weitere Gerichte oder als Suppeneinlage verwenden. Die Suppe durch ein Sieb abgießen, abkühlen lassen und im Kühlschrank zur weiteren Verwendung aufbewahren.

Hühnerbrühe ist in West und Ost das Stärkungsmittel schlechthin und bei Erschöpfung oder einer Erkältung wirkt sie wie eine Wunderwaffe. Schon meine Oma wusste um die wohltuende und blutstärkende Wirkung dieser Suppe. Auch beim Suppenhuhn empfehle ich Bioqualität oder den Kauf beim Metzger des Vertrauens.

GENERELLE TIPPS ZU DEN BRÜHEN

Sie können die Brühen gern auch länger kochen. Je länger sie gekocht werden, umso energiereicher und stärkender wirken sie. Speziell die Fleischbrühen, die dann den Namen „Kraftsuppen" verdienen und zur allgemeinen Stärkung oder bei Kältegefühlen und im Herbst/Winter eine wahre Wohltat sind.

Kochen Sie am besten gleich eine größere Menge Brühe und füllen Sie diese in sterile Gläser mit Schraubdeckel ab. Das funktioniert genau wie beim Kochen und Abfüllen von Marmelade. Nach dem Abkühlen können die Suppen etwa 12 Tage im Kühlschrank aufbewahrt werden. So hat man eine Grundlage für eine schnelle Suppenmahlzeit auf Vorrat. Dazu die Brühe erhitzen, feine Streifen von Gemüse dazugeben und einige Minuten gar ziehen lassen. Mit etwas Sojasauce würzen und, mit frischen Kräutern bestreut, genießen. Sättigender wird die Suppe durch die Zugabe von gekochtem Getreide, gekochten Hülsenfrüchten, Pilzen, Tofu oder Fleisch.

REIS-CONGEE

FÜR 4 PERSONEN
ZUBEREITUNGSZEIT: 4 STUNDEN

 200 g Rundkorn- oder Langkornreis (Vollkorn)

Reis und 1,6 l kaltes Wasser im Verhältnis 1:8 in einen hohen Topf mit Deckel geben. Aufkochen lassen und dann bei kleinster Temperatur mit aufgelegtem Deckel mindestens 3 Stunden 30 Minuten köcheln lassen. Der Reis schäumt und quillt stark auf, deshalb einen großen Topf verwenden und ab und zu schauen, ob nichts überkocht.

Mit dieser Menge Wasser erhalten Sie einen festeren Brei, durch die Zugabe von mehr Wasser (bis 1:10) wird der Brei etwas suppiger. Entscheiden Sie selbst, was Ihnen lieber ist. Es lohnt sich, eine größere Menge vorzukochen, im Kühlschrank kann das Congee 4 Tage aufbewahrt werden. Reis-Congee wird in ganz Asien am Morgen warm gegessen, kombiniert mit pikanten oder süßen Zutaten.

REZEPTVORSCHLÄGE
Für ein pikantes Frühstück Gemüsestreifen nach Wahl andünsten, Congee hinzufügen und mit Nüssen, Gewürzen, Kräutern, Leinöl oder Butter verfeinern.

Für ein süßes Frühstück das Congee mit Kompott erwärmen und mit Nüssen und Gewürzen wie Zimt, Vanille oder Kardamom abschmecken. Auch hier passen etwas Butter oder Leinöl hervorragend dazu.

Congee stärkt unsere Mitte. Ich empfehle es gern bei Magenproblemen, Verdauungsschwäche oder zur allgemeinen Stärkung.

DER FRÜHLING ist dem

Element Holz zugeordnet. Der Frühling ist die Zeit der Dynamik, die Natur erwacht, unsere Lebensgeister auch. Nach der gehaltvollen Winterkost sehnen wir uns nach leichten, knackig und kurz gedünsteten Speisen. Freuen Sie sich auf den Frühjahrsputz aus dem Kochtopf mit Bärlauchsuppe oder Brennnesselrisotto.

DINKEL-APFEL-BREI MIT DATTELN UND NÜSSEN

FÜR 2 PERSONEN
ZUBEREITUNGSZEIT: 20 MINUTEN

 4 getrocknete Datteln ohne Stein, 2 EL Mandelstifte

 250 ml Reismilch, 2 Msp. Kardamom

 1 Prise Salz

 80 g Dinkelflocken (Feinblatt), 2–3 Spritzer Zitronensaft

 2 Msp. Abrieb einer unbehandelten Zitrone

 1 Msp. gemahlene Bourbon-Vanille, 1 mild-süßer Apfel, etwas Agavendicksaft, 1 TL Butter

Die getrockneten Datteln in Scheiben schneiden. Die Mandelstifte in einer Pfanne ohne Fett sanft anrösten und beiseitestellen.

Reismilch, Kardamom, 250 ml Wasser und Salz in einem Topf aufkochen. Die Dinkelflocken mit einem Schneebesen unterrühren. Die Temperatur reduzieren und Zitronensaft, Zitronenschalenabrieb und Bourbon-Vanille unterrühren. Bei geringer Temperatur 4–5 Minuten unter gelegentlichem Umrühren köcheln lassen.

In der Zwischenzeit den Apfel schälen, vierteln und das Kerngehäuse entfernen. Das Fruchtfleisch fein raspeln und sofort unter den Brei heben. Die Datteln hinzufügen und alles bei geringer Temperatur ca. 5 Minuten quellen lassen. Dabei immer wieder umrühren. Bei Bedarf etwas heißes Wasser nachgießen. Falls noch mehr Süße gewünscht ist, den Brei mit etwas Agavendicksaft nachsüßen.

Den Dinkel-Apfel-Brei in Schüsseln anrichten, die Butterflöckchen daraufgeben und mit den gerösteten Mandelstiften bestreuen.

Tipps: Alternativ zur Butter kann auch Mandelmus verwendet werden. Am besten kochen Sie gleich die doppelte Menge für ein schnelles Frühstück am nächsten Tag.

Ein leichtes, dennoch nährendes Frühstück, das die Mitte stärkt und uns ohne Süßgelüste durch den Morgen bringt. Aus Sicht der Organuhr als Frühstück ideal, da dem Körper mit Dinkel, Obst und Nüssen reichlich Energie und Kraft für die erste Tageshälfte zur Verfügung gestellt werden.

KÖRNIGE HIRSE MIT GEMÜSE-JULIENNE

FÜR 2 PERSONEN
ZUBEREITUNGSZEIT: 35 MINUTEN

HIRSE

 ½ Tasse Hirse (ca. 80 g)

 1 kleines Lorbeerblatt

GEMÜSE

 100 g Karotten,
50 g Petersilienwurzel

 4 Radieschen, 1 Frühlingszwiebel,
1 Msp. frisch geriebener Ingwer,
2 Msp. gemahlener Koriander,
1 Msp. gemahlener Kreuzkümmel

 Salz

 2–3 Spritzer Zitronensaft

 1 Msp. Kurkuma

 4 TL Leinöl

 2 TL frisch gehackte Petersilie

Die Hirse in einem feinen Sieb mit warmem Wasser gründlich abbrausen und abtropfen lassen. Eine Tasse Wasser erhitzen, die Hirse einstreuen und das Lorbeerblatt hinzufügen. Aufkochen und bei geringer Temperatur ca. 15 Minuten garen lassen (Packungsanleitung beachten). Die Herdplatte ausstellen und die Hirse noch etwas nachquellen lassen. (Die Hirse bereits am Vortag zu kochen, spart am Morgen wertvolle Zeit bei der Zubereitung – sie muss dann nur noch erhitzt werden.)

In der Zwischenzeit Karotten und Petersilienwurzel putzen, schälen und in Julienne schneiden. Radieschen und Frühlingszwiebel putzen, waschen und in Streifen schneiden.

Eine viertel Tasse Wasser in eine beschichtete Pfanne geben. Karotten, Petersilienwurzeln, Radieschen und Frühlingszwiebel darin bei geringer Temperatur ca. 3–4 Minuten dünsten. Dann die Hirse unterheben. Mit Ingwer, Koriander, Kreuzkümmel, Salz, Zitronensaft und Kurkuma abschmecken. Die Herdplatte ausstellen und bei aufgelegtem Deckel 3–4 Minuten ziehen lassen. Auf Tellern verteilen, das Leinöl unterrühren und mit der gehackten Petersilie bestreuen.

Tipp: Kombinieren Sie das Frühstück wahlweise mit einem weich gekochten Ei, Pilzen, einem Spiegelei, Putenschinkenstreifen oder Räuchertofuwürfeln. Fein sind auch ein paar eingelegte Oliven.

Die Hirse stärkt die Mitte und spendet viel Energie. Ergänzt mit Eiweiß durch Ei, Tofu oder Putenschinken ist dieses Frühstück nahrhaft, aber nicht belastend. Nach der Organuhr sind wir während der Milzzeit (9–11 Uhr) besonders leistungs- und lernfähig. In dieser Phase ist dieses Frühstück eine gute Unterstützung für unseren Körper.

BULGUR-GEMÜSE-SUPPE MIT SHIITAKEPILZEN

FÜR 2 PERSONEN
ZUBEREITUNGSZEIT: 25 MINUTEN

 50 g Petersilienwurzel, 100 g Karotte, 50 g Stangensellerie, 4 größere Shiitakepilze

 1 kleine Zwiebel

 1 TL Olivenöl

 2 Msp. frisch geriebener Ingwer

 1 Prise Salz

 50 g Bulgur

 1 Msp. mildes Paprikapulver

 750 ml Gemüsebrühe

 frisch gemahlener Pfeffer

 1 TL Sojasauce

 6 Stängel Schnittlauch, fein gehackt (andere Kräuter nach Wahl)

Petersilienwurzel und Karotten putzen, schälen und in kleine Würfel schneiden. Den Stangensellerie putzen, waschen und in dünne Scheiben schneiden. Die Pilze mit einem Küchentuch putzen, die Stiele entfernen und in Scheiben schneiden. Die Zwiebel schälen und fein würfeln.

Das Öl im Topf mild erhitzen. Petersilienwurzel, Karotten, Stangensellerie und Zwiebelwürfel dazugeben und kurz anschwitzen. Ingwer, Salz, Bulgur und Paprikapulver hinzufügen und mit Gemüsebrühe aufgießen. Mit aufgelegtem Deckel 10 Minuten köcheln lassen. Dann die Pilze hinzufügen und die Suppe weitere 5–6 Minuten köcheln lassen (Garprobe machen).

Die Suppe mit Pfeffer und Sojasauce abschmecken und in Suppenschalen anrichten. Mit Schnittlauch oder anderen Kräutern bestreuen.

Tipps: Eine Alternative zu den Shiitakepilzen sind Champignons. Die Suppe kann auch mit Räuchertofuwürfeln oder Putenschinken angereichert werden.

Bulgur ist ein Weizenprodukt. Er ist leicht verdaulich, hat eine beruhigende Wirkung auf den Funktionskreis Herz und ist deshalb nützlich, um dem Stress des Tages entgegenzuwirken. Die Shiitakepilze sind wohlschmeckende und eiweißhaltige Energielieferanten – sie stärken unsere Mitte und lassen diese Suppe zu einer nährenden Morgenmahlzeit werden.

SPARGELSUPPE MIT LÖWENZAHN

FÜR 4 PERSONEN
ZUBEREITUNGSZEIT: 35 MINUTEN

 500 g weißer Spargel (Spargelbruch), 1 Prise Rohrzucker

 Salz

 1 kleine Kartoffel

 1 Zwiebel

 1 EL Olivenöl

 weißer oder schwarzer frisch gemahlener Pfeffer

 Salz

 50 ml Weißwein

 2 Msp. Abrieb einer unbehandelten Zitrone

 ca. 500 ml Spargelsud, 100 ml Sahne (alternativ Sojasahne), 1 Prise Rohrzucker

 frisch gemahlener Pfeffer

 Salz

 1 Spritzer Zitronensaft

 4 junge Löwenzahnblätter

Den Spargel unterhalb des Kopfes bis zum Ende gut schälen und die holzigen Enden abschneiden. Die Spargelköpfe ebenfalls abschneiden und die Stangen in kleinere Stücke schneiden. Die Spargelschalen in einem Sieb waschen.

Wasser in einem Topf erhitzen, die Spargelschalen hineingeben – sie sollten gut bedeckt sein – und mit einer Prise Zucker und Salz 10 Minuten köcheln lassen. Durch ein Sieb abgießen und dabei den Spargelsud für die Suppe auffangen. Zeitgleich die Spargelköpfe in wenig Wasser bissfest blanchieren, durch ein Sieb abschütten und beiseitestellen.

Die Kartoffel schälen, in kleine Würfel schneiden und in kaltes Wasser geben. Die Zwiebel schälen und ebenfalls in Würfel schneiden.

Das Öl in einem Topf sanft erhitzen. Spargel, Kartoffeln und Zwiebel darin kurz anschwitzen. Eine Prise Pfeffer und Salz zugeben und mit Weißwein ablöschen, kurz verdampfen lassen. Den Zitronenschalenabrieb dazugeben und den heißen Spargelsud etwa einen Fingerbreit über dem Gemüse aufgießen.

Aufkochen lassen, die Temperatur reduzieren und die Suppe bei geringer Temperatur ca. 10 Minuten kochen lassen. Den Topf vom Herd ziehen und die Suppe pürieren. Bei Bedarf noch heißen Spargelsud hinzufügen. Sahne oder Sojasahne dazugeben und kurz aufmixen. Die Spargelspitzen in die Suppe geben und kurz erhitzen, mit einer Prise Zucker, Pfeffer, Salz und einem Spritzer Zitronensaft abschmecken.

Die Löwenzahnblätter warm waschen, trocken schütteln und fein hacken. Die Suppe auf Tellern anrichten und mit dem gehackten Löwenzahn bestreuen.

Tipps: Mit einem geräucherten Forellenfilet wird diese Suppe reichhaltiger und eignet sich dann auch als leichtes Hauptgericht. Die jungen Löwenzahnblätter sind im eigenen Garten oder beim Spazierengehen schnell und kostenlos gesammelt. Jahrzehntelang geschmäht, erlebt der Löwenzahn gerade eine Renaissance als sehr gesundes Gemüse.

Spargel entwässert, reinigt und erfrischt, auch Löwenzahn wirkt entgiftend. Nach der üppigen Winterküche sorgt die Suppe für einen Frühjahrsputz im Körper und unterstützt ideal den Funktionskreis Leber.

BÄRLAUCHSUPPE MIT ZIEGENFRISCHKÄSE-NOCKEN

FÜR 4 PERSONEN
ZUBEREITUNGSZEIT: 30 MINUTEN

NOCKEN

 150 g Ziegenfrischkäse

 1 ½ TL Olivenöl

 frisch gemahlener Pfeffer

 Salz

 3–4 Spritzer Zitronensaft

 4 Stängel Rucola

SUPPE

 300 g Kartoffeln, 125 g Knollensellerie, 200 g Petersilienwurzel

 3 Frühlingszwiebeln, 1 Bund Bärlauch

 1 EL Rapsöl

 2 Msp. frisch geriebener Ingwer

 1 Prise Salz

 100 ml Weißwein

 1 Msp. mildes Paprikapulver, 2 Msp. Abrieb einer unbehandelten Zitrone

 750 ml Gemüsebrühe

 frisch gemahlener Pfeffer

 Salz

Für die Nocken den Ziegenfrischkäse in eine Schüssel geben. Mit Olivenöl, Pfeffer, Salz und Zitronensaft würzen. Den Rucola waschen, trocken schütteln, fein hacken und mit dem Ziegenfrischkäse verrühren. Aus der Masse mit zwei Teelöffeln zwölf Nocken formen. Zur Seite stellen.

Für die Suppe Kartoffeln, Sellerie und Petersilienwurzel schälen, putzen und in Würfel schneiden. Frühlingszwiebeln putzen, waschen und in feine Ringe schneiden. Bärlauch waschen, trocken schütteln und grob schneiden.

Das Öl in einem Topf sanft erhitzen. Kartoffeln, Sellerie, Petersilienwurzel und Frühlingszwiebel darin kurz anschwitzen. Ingwer, Salz und Weißwein dazugeben und kurz köcheln lassen. Paprikapulver und Zitronenschalenabrieb einrühren und so mit heißer Gemüsebrühe aufgießen, dass das Gemüse gut bedeckt ist. Aufkochen lassen und dann bei geringer Temperatur ca. 10 Minuten kochen lassen. Den Bärlauch hinzufügen und nochmals aufkochen lassen. Die Suppe gut pürieren und bei Bedarf noch etwas heiße Gemüsebrühe dazugeben. Mit Pfeffer und Salz abschmecken.

Die Suppe in Teller oder Suppenschalen geben, die Ziegenfrischkäse-Nocken daraufsetzen und servieren.

Tipp: Räucherlachsstreifen schmecken sehr fein zu dieser Suppe.

Bärlauch wirkt durch seine Schärfe bewegend auf unsere Energie, unser Qi. Zusätzlich wirkt er entgiftend und unterstützt den Funktionskreis Leber. Zusammen mit den Nocken eine herrliche Frühlingssuppe, die uns rundum wohl tut.

TOPINAMBUR-CREMESUPPE MIT FRÜHLINGSBLÜTEN

FÜR 4 PERSONEN
ZUBEREITUNGSZEIT: 30 MINUTEN

 500 g Topinambur,
300 g Kartoffeln

 1 Zwiebel

 1 EL Rapsöl

 1 Msp. gemahlener Kümmel,
2 Msp. gemahlener Koriander,
1 Msp. frisch geriebener Ingwer

 1 Prise Salz

 1 Spritzer Zitronensaft

 2 Msp. Abrieb einer unbehandelten Zitrone

 1 l Gemüsebrühe, 100 ml Sahne
(alternativ Sojasahne)

 frisch gemahlener Pfeffer, frisch
geriebene Muskatnuss

 Salz

ZUSÄTZLICH
Blütenblätter nach Wahl und Verfügbarkeit (Hornveilchen, Vogelmiere oder Kapuzinerkresse)

Topinambur und Kartoffeln schälen und in Würfel schneiden. Die Zwiebel schälen und ebenfalls in Würfel schneiden.

Das Rapsöl in einem Topf sanft erhitzen. Topinambur-, Kartoffel- und Zwiebelwürfel darin kurz anschwitzen. Kümmel, Koriander, Ingwer, Salz, Zitronensaft und Zitronenschalenabrieb dazugeben. Mit der Gemüsebrühe aufgießen und alles ca. 15 Minuten köcheln lassen, bis alles weich ist.

Die Sahne dazugeben und die Suppe pürieren. Mit Pfeffer, Muskat und Salz abschmecken und in Suppentellern anrichten. Mit Blütenblättern garnieren.

Tipp: Alternativ können auch Kräuter wie Kresse, Schnittlauch oder Kerbel verwendet werden.

Topinambur stärkt unsere Mitte und wirkt entschlackend. In der Kombination mit Kartoffeln und bewegenden Gewürzen ist diese Suppe sehr gut bekömmlich. Sie ist als Mittag- oder Abendessen gleichermaßen geeignet.

SPARGEL-LINSEN-SALAT

FÜR 4 PERSONEN
ZUBEREITUNGSZEIT: 35 MINUTEN

 100 g rote Linsen

 400 ml Gemüsebrühe

 1 dünne Scheibe Ingwer

 3 Stängel Petersilie

 2 Zweige Bohnenkraut

 500 g grüner Spargel, 1 Prise Rohrzucker

 1 Handvoll Rucola

DRESSING
3 EL Olivenöl, 1 EL Rapsöl, 1 TL Feigensenf, frisch gemahlener Pfeffer, Salz, 2 EL Zitronensaft, 2 Msp. Paprikapulver, 1 TL Abrieb einer unbehandelten Zitrone, 1–2 TL Agavendicksaft

Die Linsen in einem feinen Sieb mit kaltem Wasser gründlich abbrausen und abtropfen lassen. Gemüsebrühe, Ingwer, Linsen, Petersilie und Bohnenkraut in einem Topf aufkochen. Die Temperatur reduzieren und eventuell vorhandenen weißen Schaum abschöpfen. Die Linsen bei geringer Temperatur ca. 12 Minuten bissfest garen (Garprobe machen). Durch ein Sieb abgießen, Gewürze und Kräuter entfernen und etwas abkühlen lassen. Alternativ können die Linsen auch im Dampfgarer zubereitet werden.

In der Zwischenzeit den grünen Spargel im unteren Drittel schälen und die holzigen Enden abschneiden. Den Spargel in mundgerechte Stücke schneiden und in einem Topf mit Wasser mit einer Prise Zucker in 4–5 Minuten bissfest garen. Durch ein Sieb abschütten und etwas abkühlen lassen.

Für das Dressing alle Zutaten bis auf den Agavendicksaft in einer größeren Schüssel gut verrühren. Dann mit Agavendicksaft mild-süß abschmecken.

Spargel und Linsen mit dem Dressing vermischen. Kurz durchziehen lassen und nochmals abschmecken. Den Rucola waschen, trocken schütteln, grob hacken und vor dem Servieren unter den Salat ziehen.

Tipps: Dazu schmeckt geröstetes Ciabatta sehr lecker. Erdbeeren, sobald verfügbar, sind eine leckere Ergänzung. Außerhalb der Spargelsaison sind ersatzweise gedünstete Zucchinischeiben empfehlenswert. Der Salat eignet sich auch sehr gut zum Mitnehmen ins Büro.

Ein leichter und sättigender Salat, der am Mittag und auch am Abend gegessen werden kann. Die Linsen stärken unsere Nierenenergie, der Spargel unterstützt den Körper im Frühling bei der Entschlackung. Die Gewürze und der Rucola machen ihn gut verdaulich.

QUINOASALAT MIT FRISCHEN KRÄUTERN

FÜR 4 PERSONEN
ZUBEREITUNGSZEIT: 35 MINUTEN

 200 g Quinoa

 6 Champignons

 1 Bund Radieschen, 4 Frühlingszwiebeln

 2 EL Olivenöl

 frisch gemahlener Pfeffer, 2 Msp. gemahlener Koriander

 Salz, 1 Spritzer Sojasauce

 2 TL Zitronensaft, 1 EL Weißweinessig

 2 Msp. Kurkuma

 etwas Rohrzucker

 ½ Bund Schnittlauch, 1 Kästchen Kresse

Die Quinoa in einem feinen Sieb mit 400 ml heißem Wasser gründlich abbrausen und abtropfen lassen. Heißes Wasser in einem Topf aufkochen. Die Quinoa dazugeben und bei geringer Temperatur ca. 15 Minuten köcheln lassen. Dann durch ein Sieb abgießen. Alternativ kann die Quinoa auch im Dampfgarer zubereitet werden.

Die Champignons putzen, halbieren und in Scheiben schneiden. Die Radieschen putzen, waschen, halbieren und in Scheiben schneiden. Die Frühlingszwiebeln putzen, waschen und schräg in Ringe schneiden.

Das Öl in einer Pfanne erhitzen. Champignons, Radieschen und Frühlingszwiebeln darin kurz anschwitzen. Die Temperatur reduzieren, den Deckel auflegen und alles 3 Minuten anschwitzen. Die Pfanne von der Herdplatte ziehen. Mit Pfeffer, Koriander, Salz, Sojasauce, Zitronensaft, Essig und Kurkuma pikant abschmecken. In eine Schüssel füllen und Quinoa unterheben, mit etwas Rohrzucker abschmecken. Bei Bedarf noch etwas Olivenöl hinzufügen. Den Salat durchziehen lassen und nochmals abschmecken.

Den Schnittlauch waschen, trocken schütteln, mit der Schere in feine Röllchen schneiden und unter den Salat mischen. Die Kresse abschneiden, darüberstreuen und den Salat servieren.

Tipps: Dieser Salat eignet sich hervorragend als Mittagessen im Büro. Zum Salat passt auch das Tofupflanzerl (siehe Seite 57) oder der Dinkelburger (siehe Seite 60) sehr gut.

Wenn es im Büro mal wieder heiß zur Sache geht, helfen Radieschen durch ihre Schärfe, unsere angestaute Energie wieder in Bewegung zu bringen. Zusätzlich haben sie eine schleimlösende Wirkung. Quinoa macht aus dem Salat ein kleines Kraftpaket. Der Salat eignet sich sowohl als Mittag- wie auch als Abendessen.

CHICORÉE-KRESSE-SALAT

FÜR 4 PERSONEN
ZUBEREITUNGSZEIT: 15 MINUTEN

 2 große Chicorée

 1 Kästchen Kresse

DRESSING
3 EL Olivenöl, 1 TL Feigensenf, frisch gemahlener Pfeffer, ½ TL Salz, 1 EL Wasser, 1 EL heller Balsamico-Essig, 1 Msp. Paprikapulver, Agavendicksaft nach Bedarf

Den Chicorée putzen, halbieren und den Strunk keilförmig herausschneiden. Den Chicorée in feine Streifen schneiden, in einem Sieb abbrausen und abtropfen lassen.

Für das Dressing alle Zutaten bis auf den Agavendicksaft in einer größeren Schüssel gut verrühren. Dann mit Agavendicksaft mild-süß abschmecken.

Den abgetropften Chicorée mit dem Dressing vermischen. Die Kresse abschneiden, darüberstreuen und den Salat servieren.

Tipp: Der Chicorée-Kresse-Salat ergänzt perfekt das Tofupflanzerl (siehe Seite 57), den Dinkelburger (siehe Seite 60) oder eine übrig gebliebene Putenroulade (siehe Seite 66).

VORSCHLAG FÜR EINE FRUCHTIGE VARIANTE
Eine Grapefruit schälen, die Fruchtfilets aus den Häutchen schneiden, in mundgerechte Stücke schneiden und unter den Chicorée mischen.

Der Chicorée kühlt und erfrischt hitzige Gemüter. Seine Bitterstoffe sind wertvolle Helfer für die Verdauung und unterstützen die Holzorgane Leber und Galle. Die Kresse sorgt mit der leichten Schärfe für Bewegung. Der Salat ist ein guter Begleiter zum Mittagessen. Nach der Organuhr sollte er aber am Abend möglichst nicht mehr gegessen werden, denn roher Salat ist schwer verdaulich.

TOFUPFLANZERL MIT SPINATCURRY

FÜR 4 PERSONEN
ZUBEREITUNGSZEIT: 45 MINUTEN

TOFUPFLANZERL

 ½ Bund Petersilie

 1 Karotte, 200 g Tofu,
1 TL Pfeilwurzelstärke, 1 Ei

 Pfeffer, 3 Msp. frisch geriebener Ingwer, 1 Msp. gemahlener Koriander

 Salz, 1 TL Sojasauce,
1 EL Dinkelmehl

 1 Msp. mildes Paprikapulver,
2 Msp. Kurkuma

 Bratöl

SPINATCURRY

 1 kg junger Blattspinat, 250 g Karotten, 150 g Kartoffeln,
2 EL Sesamöl

 1 mittelgroße rote Zwiebel,
1 Msp. frisch geriebener Ingwer,
2 Msp. frisch gemahlener Koriander,
1 TL mildes Currypulver

 1 Prise Salz

 einige Spritzer Zitronensaft

 2 Msp. Kurkuma

 200 ml Gemüsebrühe

 etwas Currypulver

 Salz, etwas Sojasauce

 gerösteter Sesam zum Bestreuen

Für die Pflanzerl die Petersilie waschen, trocken schütteln, Blättchen abzupfen und fein hacken. Die Karotte putzen, schälen und fein raspeln. Tofu in kleine Würfel schneiden, in eine Schüssel geben und mit einer Gabel zerdrücken. Karotte, Pfeilwurzelstärke, Ei, Pfeffer, Ingwer, Koriander, Salz, Sojasauce, 1 EL Wasser und Dinkelmehl dazugeben. Mit den Händen wie Hackfleischteig verkneten. Ist die Masse zu trocken, etwas Wasser dazugeben, ist sie zu feucht, etwas Dinkelmehl hinzufügen. Petersilie, Paprikapulver und Kurkuma hinzufügen und gut verkneten. 10 Minuten ziehen lassen.

Für das Curry den Spinat waschen, putzen, dicke Stiele wegschneiden und in einem Sieb abtropfen lassen. Die Karotten putzen, schälen, halbieren und schräg in dünne Scheiben schneiden. Die Kartoffeln waschen, vierteln und in dünnere Scheiben schneiden. Die Zwiebel schälen, vierteln und in dünne Ringe schneiden.

Die Tofumasse erneut durchkneten, acht kleinere Pflanzerl formen und flach drücken. Bratöl in einer großen Pfanne erhitzen. Pflanzerl darin auf jeder Seite 4–5 Minuten goldgelb braten. Auf einem Teller mit Küchenpapier abtropfen lassen. Auf eine Platte geben und im Backofen bei 80 °C warm halten.

Für das Spinatcurry das Sesamöl im Wok mild erhitzen. Karotten, Kartoffeln und Zwiebeln darin 2–3 Minuten anschwitzen. Ingwer, Koriander und Currypulver unterrühren. Eine Prise Salz, Zitronensaft und Kurkuma dazugeben, mit Gemüsebrühe aufgießen. Die Temperatur reduzieren und abgedeckt 7–8 Minuten köcheln lassen. Den Spinat nach und nach dazugeben, 2–3 Minuten köcheln lassen. Mit Sesamöl, Currypulver, Salz und Sojasauce abschmecken.

Das Spinatcurry mit Tofupflanzerln auf Tellern anrichten und mit geröstetem Sesam bestreuen.

Tofu ist durch seinen hohen Eiweißgehalt nährend und stärkend. Spinat wirkt säftebildend und mit Gewürzen wie Curry und Ingwer ist dieses Rezept gut verdaulich und nicht zu kühlend im Frühling. Dieses Gericht ist als Mittag- und Abendessen geeignet.

BRENNNESSELRISOTTO

FÜR 4 PERSONEN
ZUBEREITUNGSZEIT: 50 MINUTEN

PESTO

 100 g Brennnesselblätter, 3 Stängel Basilikum

 3 Stängel Petersilie

 ca. 100 ml Olivenöl, 30 g Pinienkerne

 frisch gemahlener Pfeffer

 Salz, 40 g Parmesan

 1–2 TL Zitronensaft

RISOTTO

 150 g Karotten

 1 größere Zwiebel

 ca. 1 ½ l heiße Gemüsebrühe, 2 EL Olivenöl

 400 g Risottoreis

 Salz

 100 ml Weißwein

 3 Msp. Abrieb einer unbehandelten Zitrone

 frisch gemahlener Pfeffer

 Salz

Für das Pesto beim Spazierengehen Brennnesselblätter pflücken – Handschuhe nicht vergessen! Die Blätter in einem feinen Sieb mit heißem Wasser abbrausen und trocken schütteln. Die Basilikum- und Petersilienblätter von den Stielen zupfen, waschen und trocken schütteln. Brennnesseln, 75 ml Olivenöl, Pinienkerne, Pfeffer, Salz, Parmesan, Zitronensaft, Petersilie und Basilikum pürieren. In eine Schale füllen und bei Bedarf noch etwas Olivenöl unterrühren, nochmals abschmecken.

Für den Risotto die Karotten putzen, schälen und in kleine Würfel schneiden. Die Zwiebel ebenfalls schälen und in Würfel schneiden. Die Gemüsebrühe in einem separaten Topf erhitzen. Das Olivenöl in einem Topf erwärmen. Die Karotten- und Zwiebelwürfel darin kurz anschwitzen. Den Risottoreis dazugeben und anschwitzen, bis er glasig wird. Mit einer Prise Salz würzen und mit Weißwein ablöschen, unter Rühren verdampfen lassen. Den Zitronenschalenabrieb unterrühren. Mit der Gemüsebrühe aufgießen, der Reis sollte knapp bedeckt sein. Sobald die Flüssigkeit aufgesogen ist, erneut Brühe zugeben – manchmal wird dafür nicht die Gesamtmenge der Brühe benötigt. Diesen Vorgang so lange wiederholen, bis der Risotto nach ca. 20–25 Minuten fertig gegart ist. Dabei immer wieder rühren. Mit Pfeffer und Salz abschmecken. Den Risotto in tiefen Tellern anrichten und jeweils 2 TL Pesto daraufgeben.

Tipps: Kombinieren Sie dieses Gericht am Mittag mit einem Blattsalat. Sollte Pesto übrig bleiben, in ein Glas umfüllen und mit etwas Olivenöl bedecken. So hält es sich im Kühlschrank einige Tage.

Reis wie auch Brennnessel wirken entschlackend und entgiftend, um nur zwei der vielen guten Eigenschaften zu nennen. Dieses Gericht ist leicht verdaulich, trotzdem nährend und ein wunderbarer Unterstützer der Frühlingsaufräumarbeiten des Körpers. Es eignet sich als Mittag- und Abendessen.

DINKELBURGER MIT BÄRLAUCHQUARK

FÜR 4 PERSONEN
ZUBEREITUNGSZEIT: 50 MINUTEN

BURGER

 250 g Kornfix-Dinkel
 120 g Karotten, 100 g Knollensellerie
 1 Zwiebel
 ½ Bund Petersilie
 3–4 TL Pfeilwurzelstärke
 1 Msp. Paprikapulver
 2 Msp. gemahlener Koriander, 1 Msp. frisch geriebener Ingwer
 1–2 TL Salz
 2 Msp. Kurkuma
 1 TL Sonnenblumenkerne, Bratöl

BÄRLAUCHQUARK

 1 Bund Bärlauch
 1 unbehandelte Zitrone
 400 g Ziegen- oder Schafquark
 2 TL Leinöl
 frisch gemahlener Pfeffer
 ca. ½ TL Salz
 2 TL Sojasahne

Für den Burger 500 ml Wasser in einem Topf aufkochen und Kornfix-Dinkel einrühren. Bei geringer Temperatur 2–3 Minuten köcheln lassen. Die Herdplatte ausstellen und bei aufgelegtem Deckel 20 Minuten quellen lassen.

In der Zwischenzeit Karotten und Knollensellerie putzen, schälen und fein raspeln. Die Zwiebel schälen und fein hacken. Die Petersilie waschen, trocken schütteln und fein hacken. Die Pfeilwurzelstärke in wenig Wasser auflösen.

Das Paprikapulver zur Dinkelmasse geben, dann Karotten, Sellerie, Zwiebel, Koriander, Ingwer, Salz, Petersilie und Kurkuma hinzufügen, alles gut durchmischen. 3 TL Pfeilwurzelstärke und Sonnenblumenkerne unterheben und alles gut durchkneten. Bei Bedarf noch Pfeilwurzelstärke dazugeben und unterkneten, dann beiseitestellen.

Für den Quark den Bärlauch putzen, waschen, trocken schütteln und klein hacken. Die Schale der Zitrone abreiben und den Saft auspressen. Den Quark in eine Schüssel geben, das Leinöl unterrühren. Mit Pfeffer, Salz, ½ TL Zitronensaft und ½ TL Zitronenschalenabrieb würzen und mit Sojasahne cremig rühren. Den Bärlauch unterheben.

Aus der Dinkelmasse acht Burger formen. Das Öl in einer großen Pfanne erhitzen und die Burger bei mittlerer Temperatur darin braten, bis sie goldbraun sind – pro Seite ca. 4 Minuten. Auf einem Teller mit Küchenpapier abtropfen lassen. Die Burger mit dem Quark auf Tellern anrichten.

Tipps: Mittags eignet sich als Beilage Salat, zum Beispiel Feldsalat, Rucola, Portulak oder Radicchio. Verzichten Sie auf den Salat, wenn dieses Gericht am Abend verzehrt wird. Nach der Organuhr geht der Magen in die Ruhephase und roher Salat ist dann schwer verdaulich.

Dinkel ist ein ideales Frühlingsgetreide. Er unterstützt die Funktionskreise Leber, Herz und Milz. Schaf- und Ziegenquark sind leicht verdaulich. Der Bärlauch bringt unsere Energie in Bewegung und unterstützt den Körper bei der Entgiftung.

KRÄUTERFORELLE AUF GEMÜSE-BETT IN DER PAPILLOTE

FÜR 4 PERSONEN
ZUBEREITUNGSZEIT: 45 MINUTEN

FISCH

 2 mittelgroße Forellen (ca. 420 g pro Forelle)

 Zitronensaft, 8 Stängel Petersilie

GEMÜSE

 400 g Kartoffeln, 300 g Karotten, 100 g Stangensellerie

 2 Frühlingszwiebeln

 1 EL Olivenöl

 frisch gemahlener Pfeffer

 ½ TL Salz

 2 EL Weißwein

 ½ TL Abrieb einer unbehandelten Zitrone

Den Backofen auf 220 °C vorheizen.

Die Forellen waschen und mit Zitronensaft einreiben. Die Petersilie waschen und trocken schütteln. Jede Forelle mit vier Petersilienstängeln füllen und beiseitestellen.

Die Kartoffeln schälen, waschen und in sehr kleine Würfel schneiden. Die Karotten putzen, schälen und ebenfalls in sehr kleine Würfel schneiden (wichtig!). Den Stangensellerie putzen, waschen und in dünne Scheiben schneiden. Die Frühlingszwiebeln putzen, waschen und in dünne Ringe schneiden.

Kartoffeln, Karotten und Stangensellerie in eine Schüssel geben. Mit Olivenöl, Frühlingszwiebeln, Pfeffer, 1 EL Wasser, Salz, Weißwein und Zitronenschalenabrieb vermengen.

Zwei Papilloten (Bratschläuche) zuschneiden – 20 cm länger als die Forellen – und nebeneinander auf ein Backblech legen. Jeweils ein Ende verschließen und das Gemüse zu gleichen Teilen auf beide Papilloten verteilen.

Jeweils eine Forelle auf das Gemüsebett legen und die andere Seite der Papilloten verschließen. Die Papilloten mit einem spitzen Messer oder einer Schere oben maximal 1 cm einschneiden und auf der mittleren Schiene des Backofens 22 Minuten garen. Alternativ können die gefüllten Forellen auch im Dampfgarer zubereitet werden. Das Backblech aus dem Ofen nehmen, die Papilloten auf zwei Platten verteilen und vorsichtig rundherum aufschneiden. Nach Belieben mit Zitronenspalten servieren.

Tipp: Alternativ zu den ganzen Forellen kann auch pro Papillote ein Lachsforellenfilet von ca. 400 g verwendet werden. Die Vorbereitungs- und Garzeiten bleiben unverändert.

Die Forelle unterstützt den Funktionskreis der Niere, stärkt Milz und Magen. In Kombination mit dem gedünsteten Gemüse ist dieses Gericht leicht bekömmlich. Besonders als Mittagessen zu empfehlen, da es nicht belastet und unseren Körper mit Saft und Kraft für die zweite Tageshälfte versorgt.

FRÜHLINGSGEMÜSE IM WOK MIT HÄHNCHENBRUSTSTREIFEN

FÜR 4 PERSONEN
ZUBEREITUNGSZEIT: 40 MINUTEN PLUS
MINDESTENS 30 MINUTEN MARINIERZEIT

 300 g Biohähnchenbrust

 250 g junge Karotten, 150 g Petersilienwurzel, 2 Stangen Sellerie, 125 g Zuckerschoten, 125 g Shiitakepilze, ½ TL Pfeilwurzelstärke

 ½ Bund Frühlingszwiebeln, ¼ milde rote Chilischote

 2 EL Sesamöl

 1 TL fein gehackter Ingwer

 1 Prise Salz

 2–3 Spritzer Zitronensaft

 1 Msp. Kurkuma, 2–3 Msp. Abrieb einer unbehandelten Zitrone

 250 ml heiße Gemüsebrühe, Vollrohrzucker zum Abschmecken

 frisch gemahlener Pfeffer

 Salz, Sojasauce

 Alfalfa-Sprossen

MARINADE FÜR DAS FLEISCH
2 Msp. Abrieb einer unbehandelten Zitrone, 1 Msp. Vollrohrzucker, 1 EL Olivenöl, 6 weiße Pfefferkörner, 1 Lorbeerblatt, ½ TL fein gewürfelter Ingwer, 1 EL Sojasauce, 1 EL Wasser, 50 ml Weißwein

Die Hähnchenbrust unter fließendem kaltem Wasser abbrausen und trocken tupfen. Alle Zutaten für die Marinade gut in einer Schüssel verrühren. Die Hähnchenbrust darin mindestens 30 Minuten marinieren, gerne länger.

In der Zwischenzeit die Karotten und Petersilienwurzeln putzen, schälen, halbieren und in dünne Scheiben schneiden. Den Stangensellerie putzen, waschen, mit einem Messer die Fäden entfernen und in dünne Ringe schneiden. Die Zuckerschoten putzen, waschen und schräg durchschneiden. Die Shiitakepilze entstielen. Die Pilzköpfe putzen und in Scheiben schneiden. Die Pfeilwurzelstärke in etwas Wasser anrühren. Die Frühlingszwiebeln putzen, waschen und schräg in Ringe schneiden. Die Chilischote entkernen und fein hacken.

Die Hähnchenbrust aus der Marinade nehmen, die Marinade dabei gut abstreifen. Das Fleisch in dünne Scheiben schneiden und klein schneiden. 1 EL Öl im Wok erhitzen. Die Hähnchenbruststreifen darin unter Rühren 2–3 Minuten anbraten, herausnehmen und abgedeckt beiseitestellen.

Erneut 1 EL Öl im Wok erhitzen. Die Karotten und die Petersilienwurzel darin 2–3 Minuten unter Rühren anbraten. Den Stangensellerie und die Zuckerschoten dazugeben und weitere 2 Minuten braten. Pilze, Frühlingszwiebeln, Chili und Ingwer einrühren. Mit einer Prise Salz, Zitronensaft, Kurkuma und Zitronenschalenabrieb würzen, dann die Gemüsebrühe angießen. Alles ca. 4–5 Minuten bei geringer Temperatur bissfest garen. Mit der angerührten Pfeilwurzelstärke binden und mit Vollrohrzucker, Pfeffer, Salz und Sojasauce abschmecken. Das Hähnchenfleisch dazugeben und nochmals erhitzen, aber nicht mehr aufkochen. Mit den Sprossen bestreuen und servieren. Nach Belieben kann auch Kresse oder frische Petersilie zum Gericht gegeben werden. Als Beilage passt Glasnudeln oder Reis sehr gut.

Ein leichtes und doch nährendes Gericht, das auch für kühlere Frühlingstage gut geeignet ist. Gemüse und Sprossen liefern uns viele Vitamine, die Gewürze bringen den nötigen Schwung. Huhn ist allgemein bekannt als Energiespender, es wärmt unsere Mitte und stärkt unser Blut.

PUTENROULADEN AUF SPINAT-KAROTTEN-GEMÜSE

FÜR 4 PERSONEN
ZUBEREITUNGSZEIT: 50 MINUTEN

PUTENROULADEN

 4 dünn geschnittene Bioputenschnitzel, frisch gemahlener Pfeffer

 Salz

 Bärlauchpesto (Bioware im Glas oder selbst hergestellt)

 40 g Rucola

 2–3 EL Olivenöl

SPINAT-KAROTTEN-GEMÜSE

 1 EL Rosinen, 800 g Spinat, 4 mittelgroße Karotten

 1 Zwiebel

 1 EL Olivenöl

 1 Msp. frisch geriebener Ingwer

 1 Prise Salz

 1 Spritzer Zitronensaft

 2 Msp. Paprikapulver

 150 ml Gemüsebrühe, 1 EL Olivenöl

 etwas frisch geriebene Muskatnuss, frisch gemahlener Pfeffer

 Salz, 1 TL Sojasauce

Für die Rouladen das Putenfleisch unter fließendem kaltem Wasser abbrausen und trocken tupfen. Die Schnitzel mit Pfeffer und Salz würzen, dann dünn mit Bärlauchpesto bestreichen. Den Rucola waschen, trocken schütteln und grob hacken. Den Rucola auf dem Fleisch verteilen, die Schnitzel aufrollen und jeweils mit zwei Zahnstochern verschließen.

Für das Spinat-Karotten-Gemüse die Rosinen mit heißem Wasser übergießen und 5 Minuten einweichen, dann durch ein Sieb abgießen. Den Spinat gründlich waschen, putzen und grob schneiden. Die Karotten putzen, schälen und in feine Scheiben schneiden. Die Zwiebel schälen und fein würfeln.

Für die Rouladen das Öl in einer Pfanne erhitzen, die Rouladen darin rundherum anbraten und bei geringer Temperatur 8–10 Minuten garen (je nach Dicke der Röllchen). Auf einer Platte im Backofen bei 50 °C warm halten.

Für das Gemüse 1 EL Öl in einem weiten Topf sanft erhitzen und die Zwiebelwürfel darin glasig anschwitzen. Ingwer, Salz, Zitronensaft und Paprikapulver einrühren. Die Karotten hinzufügen und mit der Gemüsebrühe angießen. 5–6 Minuten köcheln lassen. Dann den Spinat unterheben und zusammenfallen lassen. Die Rosinen hinzufügen und weitere 2–3 Minuten köcheln lassen. Mit 1 EL Olivenöl, Muskat, Pfeffer, Salz und Sojasauce abschmecken.

Die Putenrouladen mit dem Spinat-Karotten-Gemüse auf Tellern anrichten.

Tipp: Wer es gehaltvoller möchte, kann dazu Reis oder Quinoa reichen.

Pute ist wie jede Fleischsorte ein umfassender Kraftlieferant. Rucola hat wegen seines bitteren Geschmacks aus Sicht der TCM einen Bezug zum Funktionskreis Herz. Das Spinat-Karotten-Gemüse begleitet die Putenroulade in bester Weise. In dieser Kombination ein sehr bekömmliches Mittagsgericht.

BUCHWEIZENPFANNKUCHEN MIT GEMÜSE-HACKFLEISCH-FÜLLUNG

FÜR 4 PERSONEN
ZUBEREITUNGSZEIT: 45 MINUTEN

PFANNKUCHEN

土 2 Eier

金 250 ml Reismilch, je 1 Prise Kardamom und Koriander

水 ½ TL Salz

木 2–3 Spritzer Zitronensaft

火 100 g Buchweizenmehl

土 Bratöl

GEMÜSE-HACKFLEISCH-FÜLLUNG

土 200 g Karotten, 250 g grüner Spargel

金 2 Frühlingszwiebeln

土 etwas Olivenöl, 400 g Rinderhackfleisch

金 2 Msp. frisch geriebener Ingwer

水 Salz

木 1 Schuss Weißwein

火 1 Msp. Abrieb einer unbehandelten Zitrone

金 3 EL Hafersahne, 2 Kästchen Kresse, frisch gemahlener Pfeffer

水 Salz, 1 TL Sojasauce, 2 EL geriebener Parmesan

Für die Pfannkuchen alle Zutaten bis auf das Bratöl zu einem glatten Teig verrühren und ca. 15 Minuten quellen lassen.

Während der Pfannkuchenteig ruht, die Karotten putzen, schälen, halbieren und in dünne Scheiben schneiden. Den Spargel im unteren Drittel schälen und holzige Enden abschneiden. Den Spargel in mundgerechte Stücke schneiden. Die Frühlingszwiebeln putzen, waschen und schräg in Ringe schneiden.

In einer beschichteten Pfanne mit wenig Öl dünne Pfannkuchen ausbacken. Die Pfannkuchen auf einen Teller geben und im Backofen bei 50 °C warm halten.

Für die Gemüse-Hackfleisch-Füllung das Olivenöl in einer Pfanne erhitzen und die Karotten darin kurz anschwitzen. Das Hackfleisch hinzufügen und krümelig anbraten. Ingwer, Salz, Weißwein, Zitronenschalenabrieb und 100 ml heißes Wasser zugeben, einmal aufkochen lassen. Den Spargel unterheben und alles bei geringer Temperatur und geschlossenem Deckel ca. 8 Minuten dünsten. Frühlingszwiebeln und Hafersahne kurz vor Kochzeitende unterheben und mitdünsten. Die Hälfte der Kresse unterheben und mit Pfeffer, Salz und Sojasauce abschmecken.

Die Pfannkuchen auf Teller legen und gleichmäßig mit der Gemüse-Hackfleisch-Füllung füllen. Zusammenrollen und mit Kresse und Parmesan bestreuen.

Tipp: Das Gericht am Mittag mit einem kleinen Blattsalat kombinieren.

Buchweizen und Spargel machen aus diesem Gericht einen idealen Frühlingsbegleiter, da beide entschlackend und entgiftend auf den Körper wirken. Durch wärmende Gewürze und frische Kräuter ist das Gericht leicht bekömmlich und ausgewogen. Mit Hackfleisch zubereitet, ist es ein nährendes Mittagessen.

FRÜHLING 69

APFELRAGOUT MIT ROSINEN

FÜR 4 PERSONEN
ZUBEREITUNGSZEIT: 25 MINUTEN

 1–2 EL Pistazienkerne, 2 EL Rosinen, 1 TL Pfeilwurzelstärke, 450 ml Apfelsaft

 2 Kardamomkapseln

 600 g knackige, süße Äpfel, 1 EL Vollrohrzucker, 2 Msp. gemahlene Bourbon-Vanille

 1 Sternanis

 1 Prise Salz

 100 ml Weißwein, 1 TL Zitronensaft

 ½ TL Abrieb einer unbehandelten Zitrone

 Agavendicksaft nach Bedarf

Die Pistazienkerne grob hacken. Die Rosinen knapp bedeckt in heißem Wasser einweichen. Die Pfeilwurzelstärke in 50 ml Apfelsaft anrühren. Die Kardamomkapseln mit einem Messer leicht andrücken.

400 ml Apfelsaft in einen Topf geben. Die Äpfel schälen, vierteln, das Kerngehäuse entfernen, Fruchtfleisch in Scheiben schneiden und sofort in den Saft geben. Rohrzucker, Vanille, Kardamomkapseln, Sternanis, Salz und Weißwein hinzufügen. Aufkochen und bei geringer Temperatur ca. 5–7 Minuten sanft köcheln lassen (Äpfel dürfen nicht verkochen).

Zitronensaft, Zitronenschalenabrieb und die Rosinen mit dem Einweichwasser dazugeben. Die aufgelöste Pfeilwurzelstärke unter das Apfelragout rühren, aufkochen und kurz köcheln lassen. Bei Bedarf weitere Stärke hinzufügen, der Sud sollte schön dickflüssig sein. Nach Geschmack mit Agavendicksaft süßen.

Kardamom und Sternanis herausnehmen und das Apfelragout in Dessertschalen füllen. Abkühlen lassen. Mit gehackten Pistazien bestreuen. Alternativ können auch geröstete und gehackte Mandeln verwendet werden.

Das Apfelragout ist auch als Zwischenmahlzeit am Nachmittag bestens geeignet und stillt Süßgelüste. Es erfrischt und befeuchtet unseren Körper, was sich positiv auf den Funktionskreis der Lunge und der mit ihm verbundenen Haut auswirkt. Die Gewürze sorgen dafür, die kühlende Wirkung in der Balance zu halten. Ein leichter Genuss.

ERFRISCHENDES RHABARBER-KOMPOTT

FÜR 4 PERSONEN
ZUBEREITUNGSZEIT: 15 MINUTEN

 750 g Rhabarber

 150 ml Apfelsaft, 2 EL Vollrohrzucker, 2 Msp. Zimt, 2 Msp. gemahlene Bourbon-Vanille

 1 ganz dünne Scheibe Ingwer, 2 Msp. gemahlener Kardamom

 1 Prise Salz

 1 TL Zitronensaft

 ½ TL Abrieb einer unbehandelten Zitrone

 Agavendicksaft und Himbeersirup (nach Belieben)

Den Rhabarber putzen und das Fruchtfleisch in 2 cm große Stücke schneiden.

Den Apfelsaft mit dem Rohrzucker in einen Topf geben und umrühren. Zimt, Bourbon-Vanille, Ingwer, Kardamom und Salz einrühren. Zitronensaft und Rhabarber hinzufügen und bei milder Temperatur ca. 8 Minuten kochen. Den Zitronenschalenabrieb unterrühren und nach Geschmack mit Agavendicksaft süßen. In Gläschen füllen und abkühlen lassen.

Tipp: Wer möchte, kann vor dem Servieren noch 1 TL Himbeersirup darübergeben – sieht sehr gut aus und schmeckt toll.

Rhabarber ist erfrischend und damit ein guter Durstlöscher. Er unterstützt die Verdauung und den inneren Hausputz und wirkt somit besonders auf die Funktionskreise Darm und Leber. Wärmende Gewürze sorgen auch hier dafür, dass Rhabarber nicht zu kühlend auf unseren Körper wirkt.

DER SOMMER ist dem Element

Feuer zugeordnet. Es ist heiß, wir genießen die Zeit im Freien. An schattigen Plätzen schützen wir uns vor zu viel Sonne und versorgen uns mit ausreichend Flüssigkeit. Deshalb sollte die Ernährung im Sommer erfrischende und säftebewahrende Speisen beinhalten. Lassen Sie mit Erdbeeren italienisch oder einer herrlichen Minestrone Ihr Herz höherschlagen.

WEIZENGRIESS MIT PFIRSICH-APRIKOSEN-KOMPOTT

FÜR 2 PERSONEN
ZUBEREITUNGSZEIT: 20 MINUTEN

WEIZENGRIESS

 250 ml Sojamilch, 1 Msp. gemahlene Bourbon-Vanille

 1 Msp. Kardamom

 1 Prise Salz

 100 g Weizengrieß, einige Spritzer Zitronensaft

 1 Msp. Abrieb einer unbehandelten Zitrone

 2 TL Butter

PFIRSICH-APRIKOSEN-KOMPOTT

 125 ml Apfelsaft, 350 g Aprikosen und Pfirsiche, in Spalten geschnitten, 1 Msp. gemahlene Bourbon-Vanille

 1 Msp. frisch geriebener Ingwer

 1 Prise Salz

 ½ TL Zitronensaft

 1 Msp. Abrieb einer unbehandelten Zitrone

 ca. 1 TL Ahornsirup, 2 EL Mandelstifte, geröstet

ZUSÄTZLICH
frische Minze, Zitronenmelisse oder Zitronenverbene

Sojamilch, Bourbon-Vanille, Kardamom, 250 ml Wasser und eine Prise Salz in einem Topf aufkochen. Den Grieß unter ständigem Rühren einrieseln lassen. Zitronensaft und Zitronenschalenabrieb unterrühren und bei geringer Temperatur 4–5 Minuten quellen lassen. Dabei mehrmals umrühren, damit der Grieß nicht anbrennt. Bei Bedarf heißes Wasser dazugeben. Den Topf vom Herd nehmen, die Butter einrühren und den Grieß 5 Minuten nachquellen lassen.

In der Zwischenzeit für das Kompott den Apfelsaft in einem Topf erhitzen. Obstspalten, Bourbon-Vanille, Ingwer, Salz, Zitronensaft und Zitronenschalenabrieb hinzufügen und alles 3–4 Minuten bei geringer Temperatur köcheln lassen. Den Topf vom Herd nehmen und das Kompott je nach Säure des Obstes mit Ahornsirup leicht süßen.

Den Grießbrei in Schälchen füllen. Mit gerösteten Mandelstiften und Minzeblättchen (alternativ Melisse oder Zitronenverbene) garnieren und mit dem Kompott servieren.

Tipp: Vom Kompott koche ich immer eine größere Menge und fülle es heiß in Gläser mit Schraubdeckel. Im Kühlschrank hält es so einige Tage, und man hat es für ein weiteres Frühstück, als Dessert oder am Nachmittag als kleine Zwischenmahlzeit auf Vorrat.

Ein perfektes Frühstück, um den Flüssigkeitshaushalt des Körpers zu unterstützen und die Erinnerung an Kindertage wach werden zu lassen. Weizen hat aus Sicht der TCM eine beruhigende Wirkung auf den Geist und somit auf den Funktionskreis Herz. Damit bringt uns so schnell nichts aus der Ruhe!

RÜHREI MIT KIRSCHTOMATEN UND RUCOLA

FÜR 2 PERSONEN
ZUBEREITUNGSZEIT: 15 MINUTEN

 3 Eier

 frisch gemahlener Pfeffer, 2 Msp. frisch geriebener Ingwer

 1 TL Salz, 1 kleiner Spritzer Mineralwasser, 6 Kirschtomaten, geviertelt

 1 Msp. Paprikapulver

 1 TL Öl

 1 kleine Handvoll Rucola, grob gehackt

Die Eier in einer Schüssel aufschlagen und mit Pfeffer, Ingwer, Salz und Mineralwasser verquirlen. Kirschtomaten und Paprikapulver unterrühren.

Das Öl in einer Pfanne erhitzen. Das Rührei in die Pfanne geben, stocken lassen und dann etwas verrühren. Auf Tellern verteilen, den Rucola darüberstreuen und servieren.

Tipps: Dazu passen gekochte Hirse oder getoastetes Brot, Oliven und auch frische Radieschen. Dieses Rührei eignet sich auch für ein Mittag- oder Abendessen, angereichert mit gekochten Kartoffeln und anderen saisonalen Gemüsesorten. Mittags kann zusätzlich ein kleiner Salat dazu serviert werden.

Ein nährendes, aber nicht belastendes Frühstück. Gewürze, speziell der Ingwer und die Bitterstoffe vom Rucola, bringen Dynamik in dieses Gericht und machen es leicht verdaulich. Die Eier geben uns gute Energie für den Start in den Tag, stärken dazu unsere Substanz und unser Blut.

LANGKORNREIS MAL ANDERS

FÜR 2 PERSONEN
ZUBEREITUNGSZEIT: 15 MINUTEN

 1 Msp. Abrieb einer unbehandelten Zitrone

 2 Eier, 1 EL Kokosflocken, 3 EL Mandel- oder Sojamilch, 1 TL Rohrzucker

 4 EL Langkornreis, am Vorabend gekocht

 1 Prise Salz

 2–3 Spritzer Zitronensaft

 1 TL Öl zum Braten

 3 EL Heidelbeeren oder Brombeeren

 2 Blätter frischer Salbei, in feine Streifen geschnitten

ZUSÄTZLICH
Kokosspäne, nach Belieben,
als Dekoration

Zitronenschalenabrieb, Eier, Kokosflocken, Milch, Zucker, Reis, Salz und Zitronensaft in einer Schüssel mit einem Schneebesen gut verrühren.

Das Öl in einer beschichteten Pfanne erhitzen. Die Eier-Reis-Mischung darin bei geringer Temperatur und mit geschlossenem Deckel ca. 3–4 Minuten pro Seite goldbraun backen. Das Omelette halbieren und mit den Beeren auf Tellern anrichten. Mit gehacktem Salbei bestreuen und servieren.

Tipps: Alternativ kann zu diesem Omelett auch anderes Obst der Saison verwendet werden. Oder das Pfirsich-Aprikosen-Kompott (siehe Seite 76) dazu kombinieren. Der vorgekochte Reis sorgt am Morgen für Zeitersparnis. Am besten gleich eine größere Menge kochen – der restliche Reis kann für einen Salat, als Beilage oder für ein weiteres Frühstück verwendet werden.

Ein erfrischendes und auch stärkendes Frühstück. Die Beeren wirken durch ihren säuerlichen Geschmack günstig auf den Erhalt der Säfte und haben einen Bezug zu den Funktionskreisen Herz und Leber. Salbei hat eine kühlende Wirkung. Alles in allem also eine perfekte Mischung für den Sommer.

MINESTRONE – QUER DURCH DEN GARTEN

FÜR 4 PERSONEN
ZUBEREITUNGSZEIT: 40 MINUTEN

 1 EL Olivenöl, 150 g breite grüne Bohnen, schräg in 2 cm große Stücke geschnitten, 150 g Karotten, halbiert und in Scheiben geschnitten

 1 Zwiebel, fein gewürfelt, 2 Lorbeerblätter

 Salz

 4 Stängel Petersilie

 1 Zweig Rosmarin, 3 Zweige Thymian, 1 kleiner Zweig Oregano

 1 l Gemüsebrühe, 1 kleinerer Kohlrabi, in Würfel geschnitten, 150 g Erbsen, enthülst, ½ Zucchini, in Würfel geschnitten

 ½ dünne Stange Lauch, halbiert und in Ringe geschnitten, frisch gemahlener Pfeffer

 Salz

 2 Tomaten, enthäutet und in Würfel geschnitten

 2 EL in Streifen geschnittener Basilikum

ZUSÄTZLICH
etwas natives Olivenöl, etwas geriebener Parmesan

Das Olivenöl in einem größeren Topf mild erhitzen. Bohnen, Karotten und Zwiebel darin ganz kurz anschwitzen. Lorbeerblätter, eine Prise Salz, Petersilie, Rosmarin, Thymian und Oregano hinzufügen und mit der Gemüsebrühe aufgießen. Alles bei geringer Temperatur 5 Minuten köcheln lassen. Dann den Kohlrabi dazugeben und 2 Minuten mitköcheln lassen. Erbsen, Zucchini und Lauch hinzufügen und weitere 4 Minuten köcheln lassen. Nach Bedarf mit Pfeffer und Salz würzen und die Tomatenwürfel dazugeben. Kurz durchziehen lassen.

Die Kräuterzweige entfernen und die Suppe in Tellern servieren. Mit dem frischen Basilikum bestreuen. Zur Abrundung etwas natives Olivenöl und frisch geriebenen Parmesan darübergeben.

Tipp: Die Suppe kann gut mit gekochten Graupen, Bohnen oder auch Reis ergänzt werden.

Ein herrlicher Gemüse- und Kräutercocktail, ein sommerliches Potpourri von kühlenden und leicht wärmenden Zutaten. Immer wieder an das aktuelle Angebot auf dem Markt anpassbar. Diese Suppe schmeichelt der Mitte, erfreut Magen und Herz. Sie ist ein ebenso tolles Mittag- wie Abendessen.

ERFRISCHENDE GURKENSUPPE

FÜR 4 PERSONEN
ZUBEREITUNGSZEIT: 25 MINUTEN

 3–4 große Landgurken, ca. 800 g (alternativ Schlangengurken), 1 kleine Kartoffel, ca. 600 ml Gemüsebrühe

 2 Msp. Cayennepfeffer, frisch gemahlener Pfeffer

 Salz

 4 EL Joghurt, 1 Zitrone

 6 Stängel Basilikum

 etwas Rohrzucker zum Abrunden

 2 Stängel Minze

Die Gurken schälen, mit einem Löffel die Kerne entfernen und das Fruchtfleisch grob würfeln. Die Kartoffel schälen, waschen und in kleine Würfel schneiden. Die Gemüsebrühe in einen Topf geben und die Gurken- und Kartoffelwürfel darin ca. 10 Minuten weich köcheln. Mit dem Pürierstab oder im Mixer pürieren. Bei Bedarf noch etwas Gemüsebrühe zugeben. Mit Cayennepfeffer, frisch gemahlenem Pfeffer und Salz abschmecken, dann den Joghurt unterrühren. Die Zitrone auspressen und nach Geschmack 1–2 TL Saft zur Suppe geben.

Das Basilikum waschen und trocken schütteln. Die Blätter abzupfen, in Streifen schneiden und zur Suppe geben. Mit ein wenig Zucker abrunden und alles nochmals gut durchmixen. Die Minze waschen, trocken schütteln, Blättchen abzupfen und in Streifen schneiden. Die Suppe in Schalen geben und, mit der Minze bestreut, servieren.

Tipp: Ergänzt werden kann die Suppe zum Beispiel mit Räucherlachsstreifen oder auch einem geräucherten Forellenfilet.

Gurke und Joghurt sind stark kühlende Nahrungsmittel. Gekocht wirkt die Gurke aber nicht zu auskühlend auf die Mitte. Beide haben eine befeuchtende Wirkung auf den Körper. Ideal im Sommer, da wir durch das Schwitzen viel Flüssigkeit verlieren. Eine herrlich leichte Mittag- oder Abendsuppe, die am nächsten Tag auch kalt sehr lecker schmeckt.

FEINE TOMATENSUPPE MIT BASILIKUM

FÜR 4 PERSONEN
ZUBEREITUNGSZEIT: 35 MINUTEN

 1 EL Olivenöl

 1 mittelgroße Zwiebel, in Würfel geschnitten, ½ TL getrockneter Oregano

 Salz

 2 EL Tomatenmark, 1,5 kg Fleischtomaten, enthäutet und in Stücke geschnitten

 2–3 Msp. mildes Paprikapulver, 1 Zweig Rosmarin

 350 ml Gemüsebrühe, etwas Olivenöl, Agavendicksaft

 frisch gemahlener Pfeffer

 Salz

ZUSÄTZLICH
2–3 EL gehackter grüner oder lilafarbener Basilikum

Das Olivenöl in einem Topf mild erhitzen. Die Zwiebelwürfel darin kurz anschwitzen. Oregano, Salz und Tomatenmark unterrühren. Die Tomatenstücke dazugeben und aufkochen lassen. Das Paprikapulver unterrühren und den Rosmarinzweig hinzufügen. Die Gemüsebrühe aufgießen und alles bei geringer Temperatur ca. 20 Minuten köcheln lassen.

Den Rosmarinzweig aus der Suppe nehmen und die Suppe mit dem Pürierstab oder im Mixer grob pürieren. Mit wenig Olivenöl, Agavendicksaft, Pfeffer und Salz abschmecken. Die Suppe mit dem Basilikum bestreuen und servieren.

Tipps: Dazu schmeckt geröstetes Ciabatta sehr lecker. Die Suppe kann auch mit Einlagen wie gekochtem Reis, kleinen Mozzarellakugeln oder Shrimps ergänzt werden.

Die Tomate ist das optimale Sommergemüse, denn sie verfügt über einen hohen Flüssigkeitsgehalt und wirkt kühlend. Die Gewürze bieten hier einen Ausgleich. Die Suppe erfrischt und befeuchtet unseren Körper und ist die perfekte Balance zur Sommerhitze – am Mittag wie am Abend.

GEMÜSECARPACCIO UND WEISSE-BOHNEN-MUS

FÜR 4 PERSONEN
ZUBEREITUNGSZEIT: 25 MINUTEN
PLUS KOCH- UND MARINIERZEIT FÜR
DAS CARPACCIO

WEISSE-BOHNEN-MUS

 2 EL Olivenöl

 1 kleine Knoblauchzehe, fein gehackt, frisch gemahlener Pfeffer

 1 Dose Cannellini-Bohnen (240 g Abtropfgewicht), gut abgetropft, 1 EL Wasser, ½ TL Salz

 3 TL Zitronensaft

 1 TL gehackte Rosmarinnadeln, 1 TL gehackte Salbeiblätter, 1 TL gehackte Thymianblättchen

GEMÜSECARPACCIO

 1 kleiner Kohlrabi, geschält und in feine Scheiben gehobelt, 1 kleine Rote Bete, gekocht, geschält und in feine Scheiben gehobelt, ½ Zucchini, in feine Scheiben gehobelt

SALATDRESSING
4 EL Olivenöl, 1 TL Feigensenf, frisch gemahlener Pfeffer, Salz, 1 EL Zitronensaft, 1 Msp. Paprikapulver, 3 Msp. Abrieb einer unbehandelten Zitrone, Agavendicksaft

ZUSÄTZLICH
1 EL geröstete Pinienkerne, fein gehackte Petersilie

Für das Bohnenmus alle Zutaten in einen Mixer geben oder mit dem Pürierstab fein pürieren. Nach Geschmack nochmals mit Pfeffer, Salz und Zitronensaft abschmecken.

Das ist die schnelle Variante. Alternativ können die Bohnen selbst gekocht werden. Dazu 150 g kleine weiße Bohnen vorab mindestens 12 Stunden einweichen und in reichlich Wasser mit einer Knoblauchzehe und zwei Zweigen Bohnenkraut weich kochen. Dann, wie oben beschrieben, zubereiten. Der geschmackliche Unterschied lohnt die Mühe!

Für das Dressing alle Zutaten bis auf den Agavendicksaft in einer kleinen Schüssel gut verrühren. Mit Agavendicksaft abschmecken.

Das in Scheiben gehobelte Gemüse fächerartig auf einer Platte anrichten und mit dem Dressing beträufeln. Mindestens 1 Stunde marinieren. Nach Möglichkeit länger, umso besser und bekömmlicher wird das Gemüse. Vor dem Servieren mit Pinienkernen und Petersilie bestreuen.

Tipps: Zusammen mit dem Bohnenmus eine leckere kleine Speise im Sommer am Mittag. Dazu schmeckt geröstetes Ciabatta sehr gut. Sollten rohe Kohlrabi und Zucchini nicht vertragen oder das Gericht am Abend gegessen werden, empfiehlt es sich, beide Gemüse kurz zu blanchieren oder im Dampfgarer zu garen. Die Rote Bete wird als ganze Knolle mit Lorbeerblatt und Kümmel in Wasser weich gekocht. Besonders bei der Roten Bete lohnt es sich wegen des Zeitaufwands, gleich mehr zu kochen, denn sie kann gut für weitere Gerichte wie Suppen oder Salate verwendet werden.

Das Gemüse ergänzt die Säfte unseres Körpers. Bohnen stärken die Mitte und den Funktionskreis Niere. Verarbeitet zu Bohnenmus und in Kombination mit entsprechenden Gewürzen und dem Gemüse, ist dieses Gericht leicht verdaulich und besonders gut als Mittagessen geeignet. Oder auch als Abendessen, sofern alle Gemüsesorten blanchiert sind.

SPITZKOHLSALAT MIT FRISCHEN APRIKOSEN

FÜR 4 PERSONEN
ZUBEREITUNGSZEIT: 20 MINUTEN PLUS
MINDESTENS 30 MINUTEN MARINIERZEIT

 2 EL Sonnenblumenkerne, 1 Spitzkohl (ca. 600 g), 4 reife Aprikosen

 3 Frühlingszwiebeln

 1 Prise Salz

 8 Stängel Petersilie

 1 Msp. Paprikapulver, 3 Stängel Basilikum (alternativ 1 Handvoll Rucola)

SALATDRESSING
1 EL Olivenöl, 3 Msp. Cayennepfeffer, frisch gemahlener Pfeffer, Salz, 100 g griechischer Joghurt, 2 EL Zitronensaft, 1 Msp. Paprikapulver, Agavendicksaft je nach Süße der Aprikosen

Für das Dressing alle Zutaten bis auf den Agavendicksaft in einer Schüssel gut verrühren. Mit Agavendicksaft abschmecken.

Die Sonnenblumenkerne in einer Pfanne ohne Öl mild anrösten und dann beiseitestellen. Etwas Wasser in einem Topf aufkochen. Währenddessen den Spitzkohl waschen, vierteln, vom Strunk befreien, in feine Streifen schneiden und in ein Metallsieb geben. Mit dem heißen Wasser übergießen und sofort mit kaltem Wasser abschrecken. Den Spitzkohl leicht ausdrücken und in eine große Schüssel geben.

Die Aprikosen waschen, entkernen und in Würfel schneiden. Die Frühlingszwiebeln putzen, waschen und in feine Ringe schneiden. Aprikosen und Frühlingszwiebeln zum Spitzkohl geben und mit Salz würzen. Die Petersilie waschen, trocken schütteln, fein hacken und mit einer Prise Paprikapulver und den Sonnenblumenkernen zum Salat geben. Alles vermischen. Dann den Salat gut mit dem Dressing vermischen und mindestens 30 Minuten marinieren lassen.

In der Zwischenzeit das Basilikum waschen, trocken schütteln, Blättchen abzupfen, in Streifen schneiden und beiseitestellen. Den Salat nochmals abschmecken und, mit Basilikum bestreut, servieren.

Tipps: Schmeckt wunderbar mit geröstetem Ciabatta. Alternativ kann der Salat zum Beispiel auch mit Hackbällchen, Putenschinkenstreifen, Fetakäse oder Räuchertofu ergänzt werden. Auch gekochter Reis oder andere Nusssorten können verwendet werden.

Durch das Blanchieren des Spitzkohls sowie durch die Kräuter und Gewürze ist eine gute Verdaulichkeit gewährleistet. Dieses Gericht unterstützt die Funktionskreise Magen und Milz. Ein erfrischendes, aber nicht zu kühlendes Gericht, leicht und doch nährend. Ein fruchtiger Sommergenuss.

BELUGALINSENSALAT MIT MELONE UND FETA

FÜR 4 PERSONEN
ZUBEREITUNGSZEIT: 35 MINUTEN
PLUS 30 MINUTEN MARINIERZEIT

BELUGALINSENSALAT

 200 g Belugalinsen

 2 Lorbeerblätter, 1 Scheibe frischer Ingwer

 ½ Bund Petersilie

 200 g Fetakäse

 1 reife, aromatische Netzmelone

 3 Stängel Minze

SALATDRESSING
1 TL Feigensenf, 2 Msp. Cayennepfeffer, frisch gemahlener Pfeffer, Salz, 1 EL Wasser, 2 EL Zitronensaft, 2 Msp. Paprikapulver, 4 EL Olivenöl, etwas Agavendicksaft

Die Linsen in einem Sieb mit kaltem Wasser abbrausen und abtropfen lassen. Mit den Lorbeerblättern und dem Ingwer in einen Topf geben, gut mit kaltem Wasser (Menge siehe Packungsanleitung) bedecken und ca. 20 Minuten bissfest garen. Alternativ können die Linsen auch im Dampfgarer zubereitet werden. Die Linsen durch ein Sieb abgießen, die Gewürze herausnehmen und die Linsen beiseitestellen.

Für das Dressing alle Zutaten bis auf den Agavendicksaft in einer kleinen Schüssel gut verrühren. Mit Agavendicksaft abschmecken.

Danach die Petersilie waschen, trocken schütteln, die Blättchen abzupfen und fein hacken. Den Feta in Würfel schneiden. Mit einem Löffel die Netzmelone entkernen und das Fruchtfleisch mit einem Kugel-Portionierer aus der Schale lösen. Abgetropfte Linsen, Petersilie, Feta und Melone in einer Schüssel mit der Marinade vermischen und den Salat mindestens 30 Minuten ziehen lassen.

Die Minze waschen, trocken schütteln, die Blättchen abzupfen und in Streifen schneiden. Den Salat in Schälchen anrichten, mit der Minze bestreuen und servieren.

Tipp: Der Salat ist auch gut zum Mitnehmen ins Büro oder für ein Picknick geeignet.

Eine spannende Kombination aus nährender Linse, kühlender, säftespendender Melone und wärmendem Feta. Das Dressing sorgt für Dynamik in der Verdauung. Ein stärkender Mix für die Funktionskreise Herz und Niere, unser Blut und unsere Energie.

MAROKKANISCHES TABOULÉ

FÜR 4 PERSONEN
ZUBEREITUNGSZEIT: 35 MINUTEN

 175 g Bulgur, 10 Kirschtomaten, je nach Größe

 2 EL Kapern, in Salzlake eingelegt

 3 EL Olivenöl, mehr zum Beträufeln

 2 Frühlingszwiebeln, 1–2 Stängel Minze, frisch gemahlener Pfeffer

 Salz

 1 kleines Bund Petersilie, 1 unbehandelte Zitrone

 ½ TL Abrieb einer unbehandelten Zitrone

 1 EL Pinienkerne

Den Bulgur in einem Topf mit kaltem Wasser gemäß Packungsanleitung aufsetzen, aufkochen und ca. 8–10 Minuten bei geringer Temperatur körnig köcheln. Durch ein Sieb abgießen, etwas abkühlen lassen und in eine Schüssel füllen. Tomaten waschen, vierteln und zum Bulgur geben. Dann die Kapern und das Olivenöl unterheben.

Die Frühlingszwiebeln waschen, putzen und in feine, schräge Ringe schneiden. Die Minze waschen, trocken schütteln und ganz fein hacken. Frühlingszwiebeln und 1 ½ TL gehackte Minze unter den Bulgur heben und mit Pfeffer und Salz aromatisch würzen.

Die Petersilie waschen, trocken schütteln, Blättchen abzupfen und fein hacken. Ebenfalls unter den Salat mischen. Zitrone auspressen und 3 EL Saft gut unterheben. Den Zitronenabrieb unter den Salat mischen. Das Taboulé 30 Minuten durchziehen lassen, gern auch länger.

In der Zwischenzeit die Pinienkerne in einer Pfanne ohne Öl mild anrösten. Die Pinienkerne vor dem Servieren zum Taboulé geben.

Tipp: Zusätzlich zu den Tomaten könnten Gurkenwürfel oder auch Oliven hinzugegeben werden.

Ein sommerlich leichtes Mittagessen, aber auch als frühes Abendessen geeignet. Bulgur, ein Weizenprodukt, stützt und beruhigt den Funktionskreis Herz. Ein nährender, aber nicht belastender Sommersalat, der auch unserer Mitte richtig guttut.

MEDITERRANES GEMÜSERAGOUT

FÜR 4 PERSONEN
ZUBEREITUNGSZEIT: 40 MINUTEN

 1 mittelgroße Zucchini, 1 mittelgroße Aubergine, 1 gelbe Paprikaschote, 1 rote Paprikaschote

 2 rote Zwiebeln

 2 EL Olivenöl, mehr zum Beträufeln

 2 Lorbeerblätter

 1 Prise Salz

 1 TL Tomatenmark, 1 Dose stückige Biotomaten (400 g; alternativ ca. 500 g frische Fleischtomaten)

 2 Zweige Thymian, 1 Zweig Rosmarin, 1 Zweig Oregano

 etwas Agavendicksaft

 frisch gemahlener Pfeffer

 2 EL schwarze Oliven ohne Stein, Salz, 1 kleiner Spritzer Sojasauce

 einige Spritzer Zitronensaft

 8 Stängel frischer Basilikum

Zucchini, Aubergine und Paprikaschoten waschen, putzen und in ca. 2 cm große Stücke schneiden. Die Zwiebeln schälen, vierteln und in feine Streifen schneiden.

Das Olivenöl in einem Topf mild erhitzen. Zucchini-, Auberginen-, Paprika- und Zwiebelstücke darin kurz anschwitzen. Nacheinander Lorbeerblätter, Salz, Tomatenmark, Tomaten, Thymian, Rosmarin und Oregano einrühren. Mit aufgelegtem Deckel bei geringer Temperatur und unter gelegentlichem Rühren 15–17 Minuten köcheln. Bei Bedarf noch etwas heißes Wasser hinzufügen.

Kurz vor Kochzeitende die Kräuterzweige entfernen. Das Ragout mit etwas Agavendicksaft abschmecken und nach Bedarf mit Pfeffer würzen. Dann die Oliven dazugeben und kurz mitgaren. Mit Salz, wenig Sojasauce und wenig Zitronensaft abschmecken.

Das Basilikum waschen, trocken schütteln, die Blätter in Streifen schneiden. Das Gericht mit Basilikum bestreuen, mit etwas Olivenöl beträufeln und servieren.

Tipps: Das Gericht kann warm oder kalt gegessen werden. Es eignet sich deshalb auch gut zum Mitnehmen ins Büro. Als Ergänzung könnte Feta darübergegeben werden. Es eignet sich ebenso als leckere Nudelsauce oder als Beilage zu Fisch, Hackbällchen oder Lammkoteletts.

Ein Sommerklassiker, als Mittag- und Abendessen geeignet. Ein ausgeglichenes Gericht, das nährt, Säfte spendet, erfrischt, unser Blut bewegt und noch vieles mehr. Und das alles auf sehr bekömmliche Art und Weise. Eine Freude für alle Organe, den ganzen Körper.

GERSTENGRAUPENRISOTTO AUF MANGOLD

FÜR 4 PERSONEN
ZUBEREITUNGSZEIT: 40 MINUTEN

RISOTTO

土 200 g mittelgroße Gerstengraupen

金 1 Schalotte

木 1 EL Olivenöl

水 1 Prise Salz

木 100 ml Weißwein

火 1 Msp. Paprikapulver

土 800 ml Gemüsebrühe

金 frisch gemahlener Pfeffer

水 Salz

MANGOLD

土 450 g Mangold, 1 EL Olivenöl, 125 ml Gemüsebrühe

金 frisch gemahlener Pfeffer

水 Salz

木 ca. 200 g Kirschtomaten

火 1 Msp. Paprikapulver

土 1 Msp. Rohrzucker

火 ca. 50 g Ziegenrolle oder Feta, zerkrümelt, 1 EL gehacktes Basilikum

Die Gerstengraupen waschen. Die Schalotte schälen und fein würfeln. Das Öl in einem Topf mild erhitzen. Gerstengraupen und Schalotten darin kurz anschwitzen, eine Prise Salz dazugeben und mit Weißwein ablöschen. Das Paprikapulver hinzugeben, kurz umrühren und mit 400 ml Gemüsebrühe aufgießen. Aufkochen, Temperatur reduzieren und 20 Minuten köcheln lassen. Dabei immer wieder umrühren und nach Bedarf die restliche Gemüsebrühe dazugeben, bis die Gerstengraupen gar sind. Den Risotto nach Bedarf nochmals mit Pfeffer und Salz abschmecken.

In der Zwischenzeit den Mangold waschen und die Stängel von den Blättern trennen. Beides in dünne Streifen schneiden. Das Öl in einer Pfanne mild erhitzen. Zuerst die Mangoldstängel darin kurz anschwitzen, dann die Gemüsebrühe angießen und ca. 5 Minuten dünsten. Die Mangoldblätter dazugeben und weitere 3 Minuten dünsten oder garen. Den Mangold mit Pfeffer und Salz abschmecken. Die Kirschtomaten waschen und halbieren, hinzufügen und 2 Minuten mitdünsten. Dann das Paprikapulver unterrühren und zum Schluss mit Rohrzucker abrunden.

Das Mangoldgemüse zur Hälfte auf vier Schalen verteilen, dann den Risotto und schließlich das restliche Mangoldgemüse darübergeben. Zum Schluss den Käse darübergeben, mit Basilikum bestreuen und servieren.

Gerste, Mangold und Tomaten haben für unseren Körper einen kühlenden, erfrischenden Charakter – Paroli für die Sommerhitze. Mangold hat dazu eine blutstärkende Wirkung. Ein herrlich leichtes Gericht für mittags und auch am Abend.

SAIBLINGSFILET AUF GURKENGEMÜSE

FÜR 4 PERSONEN
ZUBEREITUNGSZEIT: 35 MINUTEN

FISCH

 4 Saiblingsfilets (à ca. 120 g)

 Saft von 1 Zitrone

 1 TL Abrieb einer unbehandelten Zitrone

 Olivenöl

 frisch gemahlener Pfeffer

 Salz

GEMÜSE

 1 Bund Dill, 1 rote Zwiebel

 1 kg Salatgurke oder Landgurke, 1 EL Olivenöl

 frisch gemahlener Pfeffer

 Salz

 ½ TL Zitronensaft

 ½ TL Abrieb einer unbehandelten Zitrone

 125 ml Gemüsebrühe

 1 TL Feigensenf, frisch gemahlener Pfeffer

 Salz

 2 TL Crème fraîche oder Schmand

Die Fischfilets mit Zitronensaft beträufeln und etwas Zitronenschalenabrieb darübergeben.

Für das Gemüse den Dill waschen, trocken schütteln, fein hacken und beiseitestellen. Die Zwiebel schälen und fein würfeln. Die Gurken schälen, waschen, halbieren, mit einem Löffel entkernen und in Scheiben schneiden.

Das Olivenöl in einem Topf mild erhitzen. Gurken und Zwiebeln darin 2 Minuten anschwitzen. Etwas Pfeffer, Salz, Zitronensaft und Zitronenschalenabrieb dazugeben, mit Gemüsebrühe ablöschen und ca. 5 Minuten bei geringer Temperatur dünsten.

In der Zwischenzeit etwas Olivenöl in einer Pfanne erhitzen. Fischfilets mild pfeffern und salzen und zuerst auf der Hautseite ca. 2–3 Minuten braten. Den Fisch wenden und bei geringer Temperatur gar ziehen lassen. Alternativ könnte man den Fisch auch sehr gut im Dampfgarer zubereiten.

Das Gurkengemüse mit Feigensenf und wenig Pfeffer mild würzen. Die Hälfte vom gehackten Dill unterheben. Mit Salz abschmecken und Crème fraîche oder Schmand unterrühren.

Das Gemüse auf Tellern anrichten, den Fisch darübergeben und, mit frischem Dill bestreut, servieren.

Tipp: Ergänzt werden könnte das Gericht mit gekochtem Reis, Bulgur, Hirse oder Kartoffeln.

Die Gurke unterstützt den Feuchtigkeitshaushalt des Körpers, wirkt kühlend und erfrischend. Der Fisch bietet viel Eiweiß und stützt die Funktionskreise Herz und Niere. Im Zusammenspiel ein leichtes und ausgewogenes Gericht für Sommertage, das nicht belastet.

LAMMKOTELETTS MIT GRÜNE-BOHNEN-TOMATEN-SALAT

FÜR 4 PERSONEN
ZUBEREITUNGSZEIT: 35 MINUTEN PLUS
MINDESTENS 1 STUNDE MARINIERZEIT

SALAT

 4 Stängel Bohnenkraut

 700 g breite grüne Bohnen

 2 Frühlingszwiebeln

 1 EL schwarze Oliven ohne Stein

 350 g Kirschtomaten, ½ Bund glatte Petersilie

 4 Stängel Basilikum

SALATDRESSING
4 EL Olivenöl, frisch gemahlener Pfeffer, Salz, 1 EL Balsamico-Essig, 1 EL Zitronensaft, 2 Msp. mildes Paprikapulver, Agavendicksaft

FLEISCH

 12 Lammkoteletts (ca. 90 g pro Kotelett)

 1–2 EL Olivenöl

MARINADE
3 El Olivenöl, 1 Knoblauchzehe halbiert, 1 Prise Salz, 1 EL Zitronensaft,
je 2 Zweige Rosmarin und Thymian

Für die Fleischmarinade alle Zutaten gut verrühren. Die Lammkoteletts darin mindestens 1 Stunde einlegen. Besser wäre es aber, sie über Nacht zu marinieren.

Für den Salat das Bohnenkraut waschen und trocken schütteln. Die Bohnen putzen, waschen und schräg in 2 cm große Stücke schneiden. Bohnen und Bohnenkraut in kochendem Wasser ca. 8–10 Minuten blanchieren und durch ein Sieb abschütten.

In der Zwischenzeit die Frühlingszwiebeln putzen, waschen und schräg in Ringe schneiden. Die Oliven halbieren. Die Kirschtomaten waschen und vierteln. Die Petersilie waschen, trocken schütteln, die Blättchen abzupfen und fein hacken. Das Basilikum waschen, trocken schütteln, die Blättchen abzupfen und in feine Streifen schneiden.

Für das Dressing alle Zutaten bis auf den Agavendicksaft in einer kleinen Schüssel gut verrühren. Mit Agavendicksaft abschmecken.

Die noch leicht warmen Bohnen in eine Schüssel füllen. Frühlingszwiebeln, Oliven und Tomaten hinzufügen und untermischen. Dann Petersilie und Basilikum unterheben. Gut mit dem Dressing durchmischen und durchziehen lassen.

Während der Salat mariniert, die Lammkoteletts auf jeder Seite in wenig Olivenöl braten. Je nach Dicke der Koteletts dauert das 3–5 Minuten pro Seite.

Den Salat nochmals abschmecken und mit den Lammkoteletts auf Tellern anrichten.

Tipp: Dazu passen Rosmarinkartoffeln aus dem Backofen sehr gut.

Dieses Gericht ist für kühlere Sommertage geeignet, denn Lamm hat eine wärmende Wirkung auf den Körper. Es wirkt stärkend auf unsere Milz- und Nierenenergie. Die Tomate ist das kühlende Gegengewicht. Ein leckeres Mittagessen, am Abend ist es zu schwer verdaulich.

PAPRIKA MIT HACKFLEISCH-COUSCOUS-FÜLLUNG

FÜR 4 PERSONEN
ZUBEREITUNGSZEIT: 30 MINUTEN
PLUS 45 MINUTEN BACKZEIT

TOMATENSUGO

 2 Dosen stückige Biotomaten (je Dose 400 g), 2 EL Tomatenmark

 2 Zweige Rosmarin, 4 Zweige Thymian, 6 Blätter Salbei

 1–2 TL Agavendicksaft, 1 EL Olivenöl

 frisch gemahlener Pfeffer

 2–3 TL Salz

GEFÜLLTE PAPRIKA

 125 Couscous

 1 Msp. Paprikapulver

 200 ml heiße Gemüsebrühe, 4 rote Paprikaschoten, 1 EL Olivenöl, 250 g Rinderhackfleisch

 1 große Zwiebel, 1 Knoblauchzehe, 1 Msp. getrockneter Oregano, frisch gemahlener Pfeffer

 Salz

 8 Stängel Petersilie

 1 mittelgroßer Zweig Rosmarin, 3 Zweige Thymian, 1 Msp. Paprikapulver

Den Backofen auf 180 °C vorheizen.

Für den Sugo die stückigen Tomaten in eine größere Auflaufform mit Deckel geben. Das Tomatenmark unterrühren. Rosmarin, Thymian und Salbeiblätter dazugeben. Mit Agavendicksaft, Olivenöl, Pfeffer und Salz abschmecken.

Für die gefüllten Paprika Couscous und Paprikapulver in einer Schüssel mit kochend heißer Gemüsebrühe übergießen und 5–6 Minuten bei aufgelegtem Deckel quellen lassen.

In der Zwischenzeit die Paprikaschoten waschen, oben einen Deckel abschneiden und die Kerne entfernen. Das Öl in einer Pfanne erhitzen, das Hackfleisch darin krümelig braten und dann in eine Schüssel füllen. Zwiebel und Knoblauchzehe schälen, fein würfeln und zum Hackfleisch geben. Den getrockneten Oregano hinzufügen und mit Pfeffer und Salz würzen. Die Petersilie waschen, trocken schütteln, fein hacken und unterheben. Rosmarin und Thymian waschen, trocken schütteln, Nadeln und Blättchen von den Zweigen zupfen, fein hacken und unter die Hackfleischmasse heben. Das Paprikapulver unterrühren. Den Couscous gut untermischen. Die Masse in die vorbereiteten Paprikaschoten füllen und die Schotendeckel daraufsetzen.

Die gefüllten Paprika mit der Öffnung nach oben in den Tomatensugo setzen, den Deckel auf die Auflaufform legen und im Backofen 45 Minuten garen. Das Gericht in der Auflaufform servieren.

Tipp: Sollte etwas übrig bleiben, können die gefüllten Paprikaschoten auch gut ins Büro mitgenommen werden – mit einem kleinen Salat ist das ein feines Mittagessen.

Gefüllte Paprika – ein Wohlfühlgericht aus Kindertagen und ein bewegendes, dynamisches Sommergericht. Mediterrane Kräuteraromen erfreuen das Herz. Rindfleisch stärkt unsere Energie und unser Blut und nährt die Mitte. Dieses Gericht liefert uns Saft und Kraft – als Mittagessen ein Energiegeber.

POLENTAPIZZA

FÜR 4 PERSONEN
ZUBEREITUNGSZEIT: 55 MINUTEN
PLUS CA. 20 MINUTEN BACKZEIT

POLENTAPIZZA

 250 g Maisgrieß (Polenta)

 3 Msp. getrockneter Salbei

 1 TL Salz

 einige Spritzer Zitronensaft

 2 Msp. Paprikapulver

 1 EL Olivenöl

SUGO

 2 EL Olivenöl

 1 Knoblauchzehe, je 1 Msp. Oregano und Thymian

 3 EL Tomatenmark, 4 getrocknete Tomaten, in Olivenöl eingelegt

 2 Msp. Paprikapulver

PIZZABELAG

 1 rote Paprikaschote, 1 mittelgroße Zucchini, 180 g Champignons, Olivenöl, frisch gemahlener Pfeffer

 2 Frühlingszwiebeln, 12 Oliven, 2–3 Scheiben gekochter Schinken

 4 Stängel Petersilie

 1 Glas Artischocken in Salzlake, 1 Handvoll Rucola, etwas Basilikum

 Salz, 2–3 EL geriebener Parmesan

Den Backofen auf 180 °C vorheizen.

1 l heißes Wasser in einem Topf zum Kochen bringen. Maisgrieß unter ständigem Rühren einrieseln lassen. Salbei, Salz, Zitronensaft und Paprikapulver unterrühren. Die Polenta bei geringer Temperatur ca. 15 Minuten köcheln lassen, dabei immer wieder umrühren. Bei Bedarf heißes Wasser nachgeben. Zum Schluss 1 EL Olivenöl unterrühren. Die Polenta auf einem mit Öl gefetteten Backblech dünn ausstreichen und abkühlen lassen.

Für den Sugo das Olivenöl in eine Schüssel geben. Die Knoblauchzehe schälen und in das Öl pressen. Gut mit Oregano, Thymian, Salz und Tomatenmark verrühren. Getrocknete Tomaten in kleine Würfel schneiden und mit dem Paprikapulver unterrühren. Zur Seite stellen.

Für den Belag Paprika und Zucchini waschen und putzen. Paprika in dünne Ringe schneiden. Zucchini in dünne Scheiben schneiden. Pilze mit einem Küchentuch säubern und ebenfalls in dünne Scheiben schneiden. Frühlingszwiebeln putzen, waschen und in feine Ringe schneiden. Oliven halbieren und Schinken in Streifen schneiden. Petersilie waschen, trocken schütteln und fein hacken. Die Artischocken abgießen, kurz abbrausen und einmal längs durchschneiden. Rucola und Basilikum waschen und trocken schütteln. Basilikumblättchen abzupfen, beides grob hacken und beiseitestellen.

1 EL Olivenöl in einer Pfanne mild erhitzen. Paprika darin 2 Minuten anschwitzen. Zucchini und Pilze dazugeben, weitere 2 Minuten dünsten. Mit Pfeffer und Salz würzen. Pfanne von der Herdplatte nehmen und nacheinander Frühlingszwiebeln, Oliven, Schinken, Petersilie und Artischocken unterheben. Dann die Polenta gleichmäßig mit dem Tomatensugo bestreichen und die Gemüse-Schinken-Mischung darüber verteilen. Im Backofen auf der mittleren Schiene ca. 20 Minuten backen.

Die Pizza aus dem Ofen nehmen. Rucola und Basilikum darüber verteilen. Mit geriebenem Parmesan bestreuen und servieren.

Polenta harmonisiert die Mitte und ist ein Magenschmeichler – eine leckere Variante zur normalen Pizza. Kühlende, feuchtigkeitsspendende und verdauungsfördernde Gemüse und Kräuter geben sich die Hand. Deshalb ist dieses Gericht ein umfassender und leckerer Mix, der die unterschiedlichsten Funktionskreise im Körper unterstützt – mittags und abends.

5-ELEMENTE-GRÜTZE

FÜR 4 PERSONEN
ZUBEREITUNGSZEIT: 25 MINUTEN
PLUS ABKÜHLZEIT

 600 g gemischtes Obst: 250 g Kirschen, 125 g Heidelbeeren, 100 g Brombeeren, 125 g Himbeeren (Fruchtauswahl je nach Verfügbarkeit ändern)

 450 ml Traubensaft, 2 Msp. gemahlene Bourbon-Vanille

 2 Msp. Kardamom

 1 kleine Prise Salz

 1 unbehandelte Zitrone

 2 EL Pfeilwurzelstärke, 2–3 EL Agavendicksaft, 1–2 EL Pistazienkerne

ZUSÄTZLICH
Minze oder Zitronenmelisse zum Garnieren

Die Kirschen waschen und entsteinen, dabei halbieren. Das restliche Obst in einem Sieb vorsichtig waschen und abtropfen lassen.

Den Traubensaft in einem Topf erhitzen. Bourbon-Vanille, Kardamom und Salz hinzufügen. Die Zitrone waschen, trocknen, fein abreiben, halbieren und den Saft auspressen. 1–2 EL Zitronensaft und ½ TL Zitronenschalenabrieb hinzufügen und alles aufkochen.

In der Zwischenzeit die Pfeilwurzelstärke in etwas kaltem Saft auflösen und unterrühren. Nochmals aufkochen und 1–2 Minuten leicht köcheln lassen. Die Temperatur reduzieren, dann die Kirschen zugeben, ca. 2 Minuten köcheln lassen. Heidelbeeren und Brombeeren hinzufügen und nochmals 1 Minute köcheln lassen. Den Topf vom Herd ziehen und die Himbeeren vorsichtig unterheben. Je nach Säure der Früchte mit Agavendicksaft süßen. Die Grütze in eine Schüssel füllen und auskühlen lassen.

In der Zwischenzeit die Pistazienkerne grob hacken. Die Minze oder die Zitronenmelisse waschen, trocken schütteln und die Blätter abzupfen.

Die abgekühlte Grütze in Gläschen füllen und mit Pistazienkernen und Minzeblättchen garnieren.

Tipps: Auf die gleiche Weise lässt sich auch aus anderen Obstsorten eine Grütze zubereiten. Wählen Sie das Obst immer entsprechend der Saison aus. Den Saft kann man nach persönlichem Geschmack variieren.

Die Grütze ist eine herrliche Ganztagserfrischung an warmen Sommertagen und stützt besonders die Funktionskreise Leber und Herz. Die säuerlichen Beeren wirken zusammenziehend und damit säftebewahrend und auch blutbildend. Auch die Kirschen reihen sich hier positiv ein.

ERDBEEREN ITALIENISCH

FÜR 4 PERSONEN
ZUBEREITUNGSZEIT: 15 MINUTEN PLUS
15 MINUTEN MARINIERZEIT

 500 g Erdbeeren, ½ Orange

 10 frische Rosmarinnadeln, 2 TL Holunderbeergelee

 1 Msp. gemahlene Bourbon-Vanille, 1–2 EL Ahornsirup

 1 Msp. Kardamom

 1 Prise Salz

 1 TL gereifter Balsamico-Essig

 1 Zweig Basilikum (8 Blätter)

 1 EL Amarettini-Kekse

ZUSÄTZLICH
Balsamico-Creme zum Dekorieren

Die Erdbeeren in einem Sieb vorsichtig waschen und etwas trocken tupfen. Mit einem spitzen Messer die Kelchblätter entfernen. Die Erdbeeren in Scheiben schneiden und in eine Schüssel geben.

Die halbe Orange auspressen, den Saft in eine kleinere Schüssel geben. Die Rosmarinnadeln ganz fein hacken und unterrühren. Das Holunderbeergelee dazugeben mit einem Schneebesen gut einrühren. Dann nacheinander Bourbon-Vanille, Ahornsirup, Kardamom, Salz und Balsamico-Essig gut einrühren. Alles über die Erdbeeren geben, vorsichtig durchmischen und mindestens 15 Minuten marinieren lassen.

Kurz vor dem Servieren das Basilikum waschen, trocken schütteln, die Blätter abzupfen und in feine Streifen schneiden. Die Amarettini in eine Plastiktüte geben und mit dem Suppenschöpfer grob zerbröseln. Die Erdbeeren nochmals vorsichtig durchmischen und je nach Geschmack nochmals mit Ahornsirup nachsüßen. Die Erdbeeren auf Tellern anrichten und mit Basilikumstreifen und den Amarettini garnieren. Alternativ zu den Amarettini kann man auch grob gehackte Pistazienkerne darüberstreuen. Ein paar Spritzer Balsamico-Creme runden das Ganze ab.

Erdbeeren sind ein echter Tausendsassa. Sie liefern uns Befeuchtung und Kühlung in der Sommerhitze, sind erfrischend und stärken das Blut. Thermisch warmer Rosmarin und Basilikum gleichen die erfrischende Wirkung leicht aus und regen den Funktionskreis Herz an. Sommerfeeling pur!

DER HERBST
ist dem Element Metall zugeordnet. Der Wandel setzt ein, wir müssen den Sommer loslassen wie der Baum die Blätter. Wir beginnen, uns nach innen zu kehren, uns auf den kommenden Winter vorzubereiten und unsere Abwehrkräfte zu mobilisieren. Rezepte, die Sie durchatmen lassen und die Lunge stärken, bringen Scharfes auf den Tisch. Unterstützen Sie Ihren Körper mit Spitzkohl asiatisch oder Kürbis-Ingwer-Kokos-Suppe.

BLITZPOLENTA MIT PFLAUMENKOMPOTT

FÜR 2 PERSONEN
ZUBEREITUNGSZEIT: 20 MINUTEN

POLENTA

 100 g Polenta, 1 Msp. gemahlene Bourbon-Vanille, 2 Msp. Zimt

 2 Msp. Kardamom

 1 Prise Salz

 einige Spritzer Zitronensaft

 2 Msp. Kakao

 2 TL Mandelmus (alternativ Butter)

KOMPOTT

 250 g Pflaumen oder Zwetschgen, gewaschen, entsteint und halbiert

 ½ TL Abrieb einer unbehandelten Zitrone

 1 Msp. gemahlene Bourbon-Vanille, ½ TL Zimt, 1–2 TL Agavendicksaft

 1 Msp. Nelkenpulver, 1 Msp. Kardamom

Für die Polenta in einem Topf 300 ml heißes Wasser aufkochen. Die Polenta unter Rühren mit dem Schneebesen einrieseln lassen. Vorsicht, das kann spritzen! Die Temperatur reduzieren, dann Bourbon-Vanille, Zimt, Kardamom, Salz, Zitronensaft und Kakao unterrühren. Polenta unter ständigem Rühren 5–6 Minuten sanft köcheln lassen. Nach Bedarf noch etwas heißes Wasser hinzugeben. Die Polenta sollte schön cremig sein. Das Mandelmus oder die Butter unterrühren. Den Topf von der Herdplatte nehmen und bei aufgelegtem Deckel 5 Minuten quellen lassen.

In der Zwischenzeit für das Kompott 50 ml Wasser und Pflaumen in einem Topf aufkochen. Nacheinander Zitronenschalenabrieb, Bourbon-Vanille, Zimt, Agavendicksaft, Nelkenpulver und Kardamom unterrühren. Bei geringer Temperatur 4–5 Minuten köcheln lassen.

Die Polenta mit dem Kompott in Schalen anrichten und servieren. Gern noch gehackte und geröstete Walnüsse oder Sonnenblumenkerne darüberstreuen. Polenta kann mit jedem anderen Kompott kombiniert werden, wie zum Beispiel dem Trockenobstkompott (siehe Seite 152).

Polenta stärkt die Mitte und schmeichelt dem Magen. Das Pflaumenkompott wirkt sich günstig auf den Feuchtigkeitshaushalt des Körpers aus und nährt unser Blut. Die wärmenden Gewürze wie Zimt, Nelke und Kardamom bringen unsere Yang-Kräfte am Morgen in Bewegung.

REISMÜSLI MIT BIRNEN UND MANDELN

FÜR 2 PERSONEN
ZUBEREITUNGSZEIT: 35 MINUTEN

 2 TL Mandelblättchen,
1 TL Sonnenblumenkerne

 250 ml Reismilch,
2 Msp. Kardamom

 1 Prise Salz

 2–3 Spritzer Zitronensaft

 2 Msp. Kakao

 1 Msp. Bourbon-Vanille,
2 Msp. Anis

 125 g Rundkornreis

 1 Birne, Agavendicksaft,
1 TL Leinöl (alternativ Hanföl) pro Portion, Zimt, Rosinen

ZUSÄTZLICH
einige Cranberrys zum Garnieren

Mandelblättchen und Sonnenblumenkerne in der Pfanne ohne Öl mild anrösten und zur Seite stellen. Reismilch, Kardamom und 250 ml Wasser in einen Topf geben. Salz, Zitronensaft, Kakao, Bourbon-Vanille und Anis hinzufügen. Den Reis unter Rühren einrieseln lassen und bei geringer Temperatur ca. 25 Minuten gar köcheln lassen. Dabei immer wieder umrühren, damit der Reis nicht anbrennt. Bei Bedarf noch etwas heißes Wasser hinzufügen.

Die Birne waschen, vierteln, das Kerngehäuse entfernen und das Fruchtfleisch in Würfel schneiden. 5 Minuten vor Kochzeitende die Birnenwürfel zum Reis geben und mitdünsten. Nach Geschmack mit etwas Agavendicksaft süßen.

Das Reismüsli in Schalen füllen und mit Lein- oder Hanföl beträufeln. Mandelblättchen, Sonnenblumenkerne und Zimt darübergeben und mit einigen Rosinen bestreuen. Nach Geschmack noch einige Cranberrys darübergeben.

Tipp: Den Reis bereits am Vorabend kochen. Am Morgen in einem Topf etwas Wasser erhitzen. Reis und die frischen Birnenwürfel dazugeben, umrühren und bei geringer Temperatur ca. 5 Minuten erhitzen.

Reis harmonisiert, stützt die Mitte sowie die Lunge und enthält viele stärkende Energien. Die beginnende Trockenheit des Herbstes und der Beginn der Heizperiode mit trockener Luft: Die Birne mit ihrer säftebildenden Eigenschaft wirkt dem entgegen – sie hat eine befeuchtende Wirkung auf den Körper, speziell auf die Lunge und damit auf Haut und Schleimhäute.

HERZHAFTE HAFERFLOCKEN-SUPPE

FÜR 2 PERSONEN
ZUBEREITUNGSZEIT: 30 MINUTEN

 100 g Karotten, 80 g Räuchertofu, 1 TL Rapsöl

 50 g Lauch, in Ringe geschnitten,
1 Zwiebel, fein gewürfelt,
1 Msp. frisch geriebener Ingwer,
2 Msp. Koriander, 60 g Haferflocken (Großblatt)

 1 Prise Salz

 2–3 Spritzer Zitronensaft

 2 Msp. gemahlener Bockshornklee

 750 ml Gemüse- oder Rinderbrühe

 frisch gemahlener Pfeffer

 ca. 1 TL Sojasauce

 6 Stängel Petersilie

Die Karotten putzen, schälen und in kleine Würfel schneiden. Den Räuchertofu ebenfalls in Würfel schneiden. Das Öl in einem Topf erwärmen. Karotten, Lauch und Zwiebeln darin kurz anschwitzen. Ingwer, Koriander, Haferflocken, Salz, Zitronensaft und Bockshornklee unterrühren und mit Gemüse- oder Rinderbrühe ablöschen. Aufkochen, die Temperatur reduzieren und die Suppe ca. 15 Minuten köcheln lassen.

Die Räuchertofuwürfel zur Suppe geben und kurz erhitzen. Dann nach Bedarf mit Pfeffer und Sojasauce abschmecken. Die Petersilie waschen, trocken schütteln, Blättchen abzupfen und fein hacken. Die Suppe in tiefe Teller füllen und mit reichlich Petersilie bestreuen.

Tipp: Wenn eine selbst gekochte Rinderbrühe verwendet wird und noch Rindfleisch vorrätig ist, können statt der Tofuwürfel auch Rindfleischwürfel zur Suppe gegeben werden.

Hafer ist ein sehr nahrhaftes, eiweißhaltiges Getreide und sorgt in dieser Suppe mit dem Tofu für eine nachhaltige Sättigung und jede Menge Energie. Die Suppe gibt Power für den Start in den Tag, ist aber auch als Abendessen bestens geeignet.

KÜRBIS-INGWER-KOKOS-SUPPE

FÜR 4 PERSONEN
ZUBEREITUNGSZEIT: 30 MINUTEN

 2 EL Rapsöl, 1 Hokkaido-Kürbis (ca. 900 g), entkernt und gewürfelt, 3 getrocknete Aprikosen, klein gewürfelt

 1 Zwiebel, fein gehackt, 2 TL frisch geriebener Ingwer, 1 Msp. gemahlener Koriander, 1 Msp. gemahlener Kreuzkümmel

 1 Prise Salz

 2 EL frisch gepresster Orangensaft

 1 Msp. Abrieb einer unbehandelten Orange, 2 Msp. Kurkuma

 1 l Gemüsebrühe, 200 ml Kokosmilch

 frisch gemahlener Pfeffer

 Salz, etwas Sojasauce

ZUSÄTZLICH
2–3 TL Koriander oder Petersilie

Das Öl in einem Topf sanft erhitzen. Kürbis, Aprikosen und Zwiebeln darin kurz anschwitzen. Ingwer, Koriander, Kreuzkümmel, Salz, Orangensaft, Orangenschalenabrieb und Kurkuma dazugeben und so mit heißer Gemüsebrühe aufgießen, dass das Gemüse gut bedeckt ist. Bei geringer Temperatur ca. 15 Minuten weich köcheln.

Die Kokosmilch zur Suppe geben und mit dem Stabmixer pürieren. Bei Bedarf noch etwas heiße Gemüsebrühe dazugeben. Mit Pfeffer, Salz und etwas Sojasauce abschmecken. Auf Teller oder in Schalen geben und, mit frischem Koriander oder Petersilie bestreut, servieren.

Kürbis ist ein thermisch warmes und stärkendes Gemüse. Er kräftigt Blut und Qi und unterstützt besonders die Funktionskreise Milz und Lunge. Diese Suppe ist als Mittag- und Abendessen gleichermaßen geeignet und sorgt für ein wohlig-warmes Bauchgefühl.

SELLERIE-BIRNEN-KARTOFFEL-SUPPE

FÜR 4 PERSONEN
ZUBEREITUNGSZEIT: 35 MINUTEN

 2 EL Sonnenblumenkerne, 350 g Sellerie, 100 g Kartoffeln

 1 Zwiebel

 1 EL Rapsöl

 1 Lorbeerblatt

 1 Prise Salz

 2–3 Spritzer Zitronensaft

 1 Zweig Thymian

 700 ml Gemüsebrühe, 2 Birnen (ca. 250 g), 50 ml Sahne (alternativ Sojasahne)

 frisch gemahlener Pfeffer, frisch geriebene Muskatnuss

 Salz

 1–2 EL fein gehackte Petersilie

Die Sonnenblumenkerne in einer Pfanne ohne Öl mild rösten und zur Seite stellen. Sellerie und Kartoffeln schälen, waschen und in Würfel schneiden. Die Zwiebel schälen und ebenfalls in Würfel schneiden.

Das Öl in einem Topf sanft erhitzen. Sellerie, Kartoffeln und Zwiebel darin kurz anschwitzen. Lorbeerblatt, Salz, Zitronensaft und den Thymianzweig einrühren. Die Gemüsebrühe aufgießen und die Suppe aufkochen lassen. Die Temperatur reduzieren und die Suppe ca. 12 Minuten köcheln lassen.

In der Zwischenzeit die Birnen schälen, vierteln, das Kerngehäuse entfernen, das Fruchtfleisch grob würfeln und zur Suppe geben. Wenn es besonders dekorativ sein soll, können Sie auch eine dünne Scheibe Birne hineingeben. Die Suppe nochmals ca. 5 Minuten köcheln lassen, bis das Gemüse weich ist (Garprobe machen).

Lorbeerblatt und Thymianzweig aus der Suppe entfernen und die Suppe pürieren. Bei Bedarf noch etwas Brühe nachgeben. Die Sahne hinzufügen, nochmals kurz aufmixen und mit Pfeffer, Muskat und Salz abschmecken. In tiefe Teller geben und mit gerösteten Sonnenblumenkernen und Petersilie bestreuen.

Eine nährende und beruhigende Suppe. Sie ist ideal, wenn es mal wieder richtig stressig zugeht, sie beruhigt und erfrischt hitzige Gemüter. Sie ist sehr gut als Mittag- und Abendessen geeignet.

ROTE-BETE-APFEL-SUPPE

FÜR 4 PERSONEN
ZUBEREITUNGSZEIT: 35 MINUTEN

 500 g Rote Bete

 1–2 EL Kürbiskerne

 1 Zwiebel

 1 EL Rapsöl

 1 Msp. gemahlener Kümmel, 2 Msp. gemahlener Koriander

 1 Prise Salz

 1 Spritzer Zitronensaft

 2 Msp. gemahlener Bockshornklee oder Paprikapulver

 ca. 750 ml Gemüsebrühe, 2 Äpfel (Elstar oder Jonagold), 1 TL Agavendicksaft

 4 EL Hafersahne, 1–2 TL frisch geriebener Meerrettich

 Salz

 Apfelessig

Die Rote Bete schälen und in Würfel schneiden – Handschuhe nicht vergessen! Die Kürbiskerne in einer Pfanne ohne Öl mild anrösten, grob hacken und zur Seite stellen. Die Zwiebel schälen und in Würfel schneiden.

Das Öl in einem Topf erhitzen und Zwiebel darin kurz anschwitzen. Kümmel, Koriander, Salz, Zitronensaft und Bockshornklee unterrühren. Dann die Rote Bete hinzufügen und mit der Gemüsebrühe aufgießen, ca. 20 Minuten köcheln lassen.

In der Zwischenzeit die Äpfel schälen, vierteln, das Kerngehäuse entfernen und das Fruchtfleisch in Würfel schneiden. Nach 15 Minuten Kochzeit die Apfelwürfel hinzufügen und mit der Suppe garen.

Die Suppe pürieren, eventuell noch etwas heiße Gemüsebrühe hinzufügen. Nach Bedarf mit Agavendicksaft abrunden. Die Hafersahne unterrühren und die Suppe nochmals kurz aufmixen. Den Meerrettich – Menge je nach Schärfe und eigenem Geschmack – zur Suppe geben. Mit Salz und einem Spritzer Apfelessig abschmecken. In Suppenschalen füllen, mit gerösteten und gehackten Kürbiskernen bestreuen und servieren.

Tipp: Diese Suppe kann auch mit etwas Schmand, zerbröseltem Feta oder einem geräucherten Forellenfilet angereichert werden.

Rote Bete ist ideal, um unser Blut und unsere Säfte zu stärken. Sie hat eine gute Wirkung auf den Funktionskreis Herz und schmeichelt unserer Mitte. Der Meerrettich ist erwärmend, bringt Bewegung ins Spiel und wirkt befreiend auf Lunge und Nase.

RETTICH-RADIESCHEN-KAROTTEN-SALAT

FÜR 4 PERSONEN
ZUBEREITUNGSZEIT: 25 MINUTEN PLUS
MINDESTENS 30 MINUTEN MARINIERZEIT

土 2 EL Sesam

土 1 größere Karotte

金 ½ Bund Radieschen, 1 kleiner weißer oder schwarzer Rettich

土 1 EL Sesamöl

金 frisch gemahlener Pfeffer

水 1–2 TL Sojasauce, Salz

木 1 unbehandelte Zitrone

火 2 Msp. Kurkuma

土 1 TL geröstetes Sesamöl

Den Sesam in einer Pfanne ohne Öl rösten und beiseitestellen. Die Karotte putzen, schälen und in Julienne schneiden. Die Radieschen putzen, waschen und in Scheiben schneiden. Den Rettich putzen, schälen, vierteln und in dünne Scheiben hobeln oder schneiden.

Das Öl in einer Pfanne sanft erhitzen. Die Karotten darin bei geringer Temperatur 3 Minuten anschwitzen. Radieschen und Rettich dazugeben und kurz mitdünsten. Pfeffer und 2 EL Wasser hinzufügen und bei aufgelegtem Deckel 3–5 Minuten dünsten.

In eine Schüssel füllen. 1 EL Wasser, Sojasauce und Salz dazugeben. Die Zitrone auspressen und 3–4 TL Saft zum Salat geben. Die Kurkuma hinzufügen und alles gut durchmischen. Zum Schluss geröstetes Sesamöl unterrühren und den Salat mindestens 30 Minuten durchziehen lassen. Nochmals abschmecken.

Tipp: Je länger der Salat durchziehen kann, desto bekömmlicher ist er und umso besser schmeckt er.

Rettich und Radieschen sind reich an Vitamin C und bringen durch ihre Schärfe unsere Energie in Bewegung, ohne uns zu erhitzen. Der Rettich unterstützt zusätzlich den Funktionskreis Lunge. Die Karotten erden den Salat und stärken unsere Mitte. Dieser Salat eignet sich besonders als Beilage zu einem Mittagessen.

BLUMENKOHL-BROKKOLI-SALAT

FÜR 4 PERSONEN
ZUBEREITUNGSZEIT: 30 MINUTEN PLUS
MINDESTENS 15 MINUTEN MARINIERZEIT

SALAT

 1 kleiner Blumenkohl (ca. 700 g),
1 kleiner Brokkoli (ca. 700 g)

 Salz

 6 EL gekochter Langkornreis

 Salz, 2 EL schwarze Oliven ohne Stein

 ½ Bund Petersilie

 80 g Feta

DRESSING

2 EL Rapsöl, 1 EL Olivenöl, 1 TL Dijonsenf, frisch gemahlener Pfeffer, 2–3 Msp. Currypulver, Salz, 1 TL Sojasauce, 1 EL heller Balsamico-Essig, 1 EL Crème fraîche oder Schmand, 2 Msp. Paprikapulver, Agavendicksaft

Blumenkohl und Brokkoli putzen und waschen. Den Brokkolistrunk schälen und in kleine Würfel schneiden. Die Köpfe von Blumenkohl und Brokkoli in kleine Röschen teilen. Das Gemüse in ausreichend Salzwasser 4–5 Minuten blanchieren, es sollte noch leicht Biss haben. Durch ein Sieb abgießen, beiseitestellen und etwas abkühlen lassen.

Den Reis nach Packungsanleitung in gesalzenem Wasser kochen, am besten gleich in etwas größerer Menge und den Rest für ein anderes Gericht verwenden. Die Oliven halbieren. Die Petersilie waschen, trocken schütteln und fein hacken. Den Feta in Würfel schneiden.

Für das Dressing alle Zutaten bis auf den Agavendicksaft in einer kleinen Schüssel gut verrühren. Mit Agavendicksaft abschmecken.

Blumenkohl, Brokkoli, Reis, Oliven und die Hälfte der gehackten Petersilie in eine Schüssel füllen. Den Feta darübergeben. Den Salat vorsichtig mit dem Dressing vermischen und mindestens 15 Minuten durchziehen lassen. Bei Bedarf nochmals abschmecken. Vor dem Servieren mit der restlichen Petersilie bestreuen.

Tipps: Damit es schneller geht, kann man den Reis bereits am Vortag kochen. Statt mit Reis kann man den Salat auch mit Kichererbsen oder Adukibohnen zubereiten.

Ein beruhigender und sanfter Salat, der unsere Mitte harmonisiert, Blut und Säfte stärkt, also unser Yin unterstützt. Er ist nährend und sättigend und durch die Gewürze im Dressing sehr bekömmlich. Wunderbar als Mittag-, aber auch als Abendessen geeignet.

BELUGALINSENSALAT MIT BIRNE UND RADICCHIO

FÜR 4 PERSONEN
ZUBEREITUNGSZEIT: 35 MINUTEN PLUS MINDESTENS 15 MINUTEN MARINIERZEIT

SALAT

 200 g Belugalinsen

 2 Lorbeerblätter, 1 Scheibe frischer Ingwer

 1 Msp. getrocknete Wakame-Alge

 8 Stängel Petersilie

 1 kleiner Radicchio

 3 getrocknete Datteln ohne Kern, 1 aromatische Birne

DRESSING
4 EL Olivenöl, 1 TL Feigensenf, frisch gemahlener Pfeffer, ¼–½ TL frisch geriebener Meerrettich, 1 TL Salz, 1 TL Sojasauce, 1 EL Wasser, 2 EL Essig, 2 Msp. Paprikapulver, ca. 1 TL Agavendicksaft

Die Linsen in einem feinen Sieb unter fließendem kaltem Wasser gründlich abbrausen und abtropfen lassen.

Linsen, Lorbeerblätter, Ingwer und Wakame-Alge in einen Topf geben, mit kaltem Wasser aufgießen (Wassermenge siehe auch Verpackungshinweis) und ca. 20 Minuten köcheln lassen. Die Linsen sollten noch etwas Biss haben. Alternativ können die Linsen auch im Dampfgarer zubereitet werden. Durch ein Sieb abgießen, beiseitestellen und die Gewürze herausnehmen.

Für das Dressing alle Zutaten bis auf den Agavendicksaft in einer kleinen Schüssel gut verrühren. Mit Agavendicksaft abschmecken.

Die Petersilie waschen, trocken schütteln und die Blätter fein hacken. Den Radicchio putzen, halbieren, den Strunk herausschneiden, waschen und in feine Streifen schneiden. Die Datteln halbieren und in feine Streifen schneiden. Die Birne waschen, schälen, vierteln, das Kerngehäuse entfernen und das Fruchtfleisch in kleinere Würfel schneiden.

Linsen, die Hälfte der Petersilie, Radicchio, Datteln und Birnen in eine Schüssel geben. Die Marinade darübergießen, alles gut vermischen und den Salat mindestens 15 Minuten durchziehen lassen. Vor dem Servieren nochmals abschmecken und die restliche Petersilie darüberstreuen.

Tipps: Der Salat eignet sich gut zum Mitnehmen ins Büro. Statt Radicchio kann man auch Chicorée oder Rucola zum Salat geben.

Linsen geben Kraft, sie stärken unsere Substanz, unser Qi und unser Blut. Sie haben einen besonderen Bezug zu den Funktionskreisen Herz und Niere. Ein sättigender Salat, der gut als Mittagessen geeignet ist: Er gibt uns einen Energieschub für die zweite Tageshälfte.

HERBSTPILZRISOTTO

FÜR 4 PERSONEN
ZUBEREITUNGSZEIT: 50 MINUTEN

RISOTTO

土 200 g Karotten

金 1 kleine Zwiebel, 1 kleine Knoblauchzehe, 1 kleines Stück frischer Ingwer

土 2 EL Olivenöl

金 400 g Risottoreis, 1 Msp. getrockneter Thymian

水 1 Prise Salz

木 100 ml Weißwein

火 2–3 Msp. Abrieb einer unbehandelten Zitrone, 2 Msp. Paprikapulver

土 ca. 1 ½ l heiße Rinderbrühe

金 frisch gemahlener Pfeffer

水 Salz

PILZE

土 300 g gemischte Pilze (Pfifferlinge, kleine Champignons, Austernpilze)

金 1 Schalotte

土 1 EL Olivenöl

金 frisch gemahlener Pfeffer

水 Salz

木 ½ Bund frische Petersilie

Für den Risotto die Karotten putzen, schälen und in kleine Würfel schneiden. Die Zwiebel schälen und ebenfalls in Würfel schneiden. Die Knoblauchzehe schälen und fein hacken. Den Ingwer schälen und reiben – 2 Msp. werden benötigt.

Das Olivenöl in einem Topf erhitzen. Karotten, Zwiebel, Knoblauch und Ingwer darin kurz anschwitzen. Risottoreis und Thymian dazugeben und andünsten, bis der Reis glasig wird. Eine Prise Salz dazugeben und mit Weißwein ablöschen, unter Rühren verdampfen lassen. Etwa 2–3 Msp. Zitronenschalenabrieb und Paprikapulver in den Risotto rühren. Mit Rinderbrühe aufgießen, sodass der Reis knapp bedeckt ist. Sobald die Flüssigkeit aufgesogen ist, erneut Brühe zugeben – manchmal wird nicht die Gesamtmenge der Brühe benötigt. Diesen Vorgang so lange wiederholen, bis der Risotto nach ca. 20–25 Minuten fertig gegart ist. Dabei immer wieder umrühren, damit der Reis nicht anbrennt. Mit Pfeffer und Salz abschmecken.

Während der Risotto köchelt, die Pilze mit einem Tuch putzen. Champignons halbieren, Austernpilze in Streifen schneiden und größere Pfifferlinge zerteilen. Die Schalotte schälen und in feine Würfel schneiden. Das Olivenöl in einer Pfanne erhitzen, Pilze und Schalottenwürfel darin unter Rühren ca. 5 Minuten anbraten. Mit Pfeffer und Salz abschmecken.

Die Petersilie waschen, trocken schütteln, Blättchen abzupfen und fein hacken. Die Hälfte der gehackten Petersilie zu den Pilzen geben.

Den Risotto in Schüsseln anrichten, die Pilze darübergeben und mit der restlichen Petersilie bestreuen.

Tipp: Wer möchte, kann noch etwas Parmesan darüberreiben.

Dieser Risotto ist ein nährendes und stärkendes Gericht, es ist ausgleichend und schmeichelt dem Magen. Die Gewürze machen den Risotto bekömmlich und wärmen unseren Körper, die Pilze spenden Eiweiß. Dieses Gericht ist ein ideales Herbstessen und stärkt unsere Abwehrkräfte.

KARTOFFEL-STECKRÜBEN-PUFFER MIT WÜRZIGER APFELCREME

FÜR 4 PERSONEN
ZUBEREITUNGSZEIT: 55 MINUTEN
PLUS CA. 10 MINUTEN BRATZEIT

APFELCREME

 250 g Schaf- oder Ziegenquark

 2 mittelgroße Äpfel (Jonagold)

 1 Stück frische Meerrettichwurzel, 2 TL Feigensenf

 Salz, ½ TL Sojasauce

 einige Spritzer Zitronensaft

 2 Msp. Paprikapulver

 Sojasahne, Agavendicksaft

 1 Kästchen Kresse

PUFFER

 500 g Steckrüben, 2 größere Karotten, 400 g Kartoffeln, halb fest- und halb weichkochend, 2 Eier

 1 Zwiebel, 1 Msp. gemahlener Koriander, 1 TL getrockneter Majoran, 3 Msp. gemahlener Kümmel, frisch gemahlener Pfeffer

 Salz

 2 EL Dinkelmehl

 2 EL Buchweizenmehl, 2 Msp. Kurkuma und Paprikapulver

 Bratöl

Für die Apfelcreme den Quark in eine Schüssel geben. Die Äpfel schälen, vierteln, entkernen und raspeln, sofort unter den Quark mischen. Den Meerrettich schälen und frisch reiben – je nach Schärfe werden 2–3 TL benötigt. Die Apfelcreme mit Meerrettich, Feigensenf, Salz, etwas Sojasauce, Zitronensaft und Paprikapulver pikant würzen und mit Sojasahne cremig rühren. Mit etwas Agavendicksaft abschmecken. Mit Kresse bestreuen und zur Seite stellen.

Für die Puffer Steckrüben und Karotten putzen, schälen und raspeln. Die Kartoffeln schälen, waschen und raspeln. Die Gemüseraspel in eine Schüssel geben. Die Eier unterrühren. Die Zwiebel schälen, fein würfeln und unterheben. Mit Koriander, Majoran, Kümmel, Pfeffer und Salz würzen. Das Dinkel- und Buchweizenmehl nach und nach unter die Puffermasse rühren. Zum Schluss mit Kurkuma und Paprikapulver abschmecken und nochmals gut vermengen.

Etwa 2 EL Bratöl in einer beschichteten Pfanne erhitzen. Mit einem Löffel 4–5 handtellergroße Puffer in die Pfanne setzen. Die Puffer auf beiden Seiten ca. 5 Minuten braten, dabei nicht zu dunkel werden lassen. Bei jedem weiteren Bratvorgang nach Bedarf Öl in die Pfanne geben, bevor weitere Puffer gebacken werden.

Die fertigen Puffer auf einen Teller mit Küchenpapier geben und kurz abtropfen lassen. Dann auf eine Platte legen und im Backofen bei 80 °C warm halten. Die Puffer mit der würzigen Apfelcreme servieren.

Ein Gericht aus glücklichen Kindertagen, lecker und sättigend. Damit es gut verdaulich ist, sorgen Kümmel, Majoran, Koriander, Meerrettich, Senf und Co. für Bekömmlichkeit. Dieses Essen macht gute Laune und erfreut so unser Herz.

OFENKÜRBIS MIT RÄUCHERTOFU

FÜR 4 PERSONEN
ZUBEREITUNGSZEIT: 70 MINUTEN
INKLUSIVE 45 MINUTEN GARZEIT IM OFEN

KÜRBIS MIT FÜLLUNG

 200 g Hirse, 500 ml Gemüsebrühe, 2 Hokkaido-Kürbisse (à ca. 750 g), 2 mittelgroße Äpfel, Butter für die Auflaufform

 1 Zwiebel

 2 EL Rapsöl

 ½ TL getrockneter Majoran, ½ TL getrockneter Oregano, frisch gemahlener Pfeffer

 Salz

 3 EL Cranberrys

 2 TL frische Thymianblättchen

 50 ml Apfelsaft

 frisch gemahlener Pfeffer

 Salz

 ½ Bund Petersilie, fein gehackt

RÄUCHERTOFU

 250 g Räuchertofu, 1 EL Bratöl

Die Hirse in einem feinen Sieb heiß abbrausen und abtropfen lassen. Die Gemüsebrühe aufkochen, die Hirse einstreuen und bei geringer Temperatur ca. 15 Minuten köcheln lassen. Zur Seite stellen.

Den Backofen auf 180 °C vorheizen.

In der Zwischenzeit die Kürbisse waschen, an beiden Enden gerade schneiden, dann mittig halbieren. Die Kerne mit einem Löffel entfernen. Die Kürbishälften bis auf einen Rand von ca. 1 cm aushöhlen und das Kürbisfleisch in kleine Würfel schneiden. Die Äpfel waschen, schälen, vierteln, das Kerngehäuse entfernen und das Fruchtfleisch ebenfalls in kleine Würfel schneiden. Zwei längliche Auflaufformen mit Deckel mit Butter einfetten. Die Zwiebel schälen und fein würfeln.

Das Öl in einem Topf sanft erhitzen. Kürbisfleisch und Zwiebel darin kurz anschwitzen. Majoran und Oregano unterrühren. Mit Pfeffer und Salz kräftig würzen. Cranberrys, Thymianblättchen, Apfelwürfel und Apfelsaft dazugeben, umrühren und 4 Minuten köcheln lassen. Die Hirse unterheben, nochmals mit Pfeffer und Salz abschmecken. Die Füllung gleichmäßig auf die Kürbisschalen verteilen und in jede Auflaufform zwei Kürbisschalen setzen. Deckel auflegen und ca. 45 Minuten auf der mittleren Schiene im Backofen garen.

Petersilie waschen, trocken schütteln, Blättchen abzupfen und fein hacken. Kurz vor Ende der Garzeit den Tofu in Würfel schneiden. Das Öl in einer Pfanne erhitzen und den Tofu darin kross anbraten. Den Kürbis aus dem Backofen nehmen, die Tofuwürfel darübergeben, mit der Petersilie bestreuen und in der Auflaufform servieren.

Tipp: Dieses Gericht wird perfekt durch die würzige Apfelcreme ergänzt (siehe Seite 134). Schmeckt aber auch so sehr lecker.

Kürbis ist einfach das ideale Herbstgemüse. Dieses Gericht nährt umfassend alle Organe, gibt nicht nur viel Energie, sondern stärkt auch Blut und Säfte. Wärmend, aber nicht erhitzend, eignet es sich als Mittag- und Abendessen.

KABELJAU AUF FENCHEL-APFEL-GEMÜSE

FÜR 4 PERSONEN
ZUBEREITUNGSZEIT: 30 MINUTEN

GEMÜSE

 1 kleiner Zweig Rosmarin, 1–2 Zweige Thymian

 1 EL Walnüsse, 2 Fenchelknollen, 2 Äpfel

 6 Frühlingszwiebeln, 1 kleines Stück frischer Ingwer

 2 EL Rapsöl

 Salz

 50 ml Weißwein

 2 Msp. Paprikapulver

 50 ml Gemüsebrühe

FISCH

 4 Kabeljaufilets (à ca. 120 g)

 2 TL Olivenöl

MARINADE

 1 unbehandelte Zitrone

 2 Msp. Paprikapulver

 1 TL Olivenöl

 frisch gemahlener Pfeffer

 etwas Salz

Rosmarin und Thymian waschen, trocken schütteln, Nadeln und Blättchen abzupfen und fein hacken. Hiervon wird jeweils 1 TL benötigt. Walnüsse in einer Pfanne ohne Öl sanft anrösten, hacken und zur Seite stellen. Den Fenchel putzen, waschen, vierteln, vom Strunk befreien und in feine Streifen schneiden. Die Äpfel waschen, vierteln, das Kerngehäuse entfernen und das Fruchtfleisch in feine Scheiben schneiden. Die Frühlingszwiebeln waschen und in feine Ringe schneiden. Ingwer schälen und fein reiben, es werden 2 Msp. benötigt.

Dann den Fisch unter fließendem kaltem Wasser abbrausen, trocken tupfen, auf eine Platte legen.

Die Zitrone waschen, trocknen, die Schale fein abreiben und den Saft auspressen. Zitronensaft, Zitronenschalenabrieb, Paprikapulver, Öl, Pfeffer und etwas Salz zu einer Marinade verrühren, den Fisch damit einreiben und zur Seite stellen.

Für das Gemüse in einer Pfanne Öl sanft erhitzen, den Fenchel darin ca. 4 Minuten anschwitzen. Dann Apfelspalten, Frühlingszwiebeln und Ingwer dazugeben und kurz mitdünsten. Mit Salz würzen und mit Weißwein ablöschen. Paprikapulver unterrühren und die Gemüsebrühe angießen. Alles ca. 5 Minuten bei geringer Temperatur köcheln lassen. Zum Schluss mit Rosmarin und Thymian abschmecken.

In der Zwischenzeit für den Fisch in einer separaten Pfanne wenig Olivenöl sanft erhitzen und die Fischfilets auf beiden Seiten 5–8 Minuten bei geringer Temperatur braten. Mit Pfeffer und Salz würzen. Das Gemüse auf Tellern anrichten, die Fischfilets darauflegen, mit den gehackten Nüssen bestreuen und servieren.

Tipp: Dieses Gericht kann zum Beispiel mit einem Kartoffel-Sellerie-Stampf oder Reis ergänzt werden.

Kabeljau unterstützt den Funktionskreis Niere, ist ein toller Eiweißspender und nährt Qi und Blut. Fenchel ist wärmend und stützt die Mitte, Apfel bringt Frische dazu und gemeinsam balancieren sie dieses Gericht wunderbar aus. Ein leicht bekömmliches Essen mit guter Energie für den Nachmittag.

HERBSTLICHER RINDFLEISCH-GEMÜSE-WOK

FÜR 4 PERSONEN
ZUBEREITUNGSZEIT: 35 MINUTEN PLUS
MINDESTENS 30 MINUTEN MARINIERZEIT

 350 g Rindfleisch aus der Unterschale (vom Metzger geschnetzelt), 250 g Karotten, 250 g Paprika, 150 g Biozuckermais aus dem Glas (alternativ 2 frische Maiskolben)

 150 g Lauch, 1 Zwiebel, 1 Knoblauchzehe, 1 Scheibe Ingwer, ¼ kleine rote und milde Chilischote

 2 EL Sesamöl

 1 Prise Salz

 2–3 Spritzer Zitronensaft

 1 Msp. Paprikapulver

 150 ml Rinderbrühe

 frisch gemahlener Pfeffer

 Salz, 1–2 TL Sojasauce

 ½ Bund Petersilie

MARINADE FÜR DAS FLEISCH
1 TL fein gehackter Ingwer, 1 Knoblauchzehe, halbiert, 2 EL Sherry, 3 EL Sojasauce, 1 Msp. Zitronensaft, 1 Msp. Paprikapulver, 2 EL Sonnenblumenöl

Alle Zutaten für die Marinade in einer Schüssel gut verrühren. Das Rindfleisch hinzufügen und abgedeckt mindestens 30 Minuten marinieren, falls möglich länger.

Die Karotten putzen, schälen, halbieren und in dünne Scheiben schneiden. Die Paprika waschen, halbieren, die Kerne entfernen und das Fruchtfleisch in Würfel schneiden. Mais aus dem Glas in ein Sieb geben und mit fließendem kaltem Wasser abbrausen. Frische Maiskolben 10–15 Minuten in Wasser kochen und anschließend die Maiskörner mit einem Messer vom Kolben schneiden. Lauch putzen, waschen und in Ringe schneiden. Zwiebel und Knoblauchzehe schälen und in feine Würfel schneiden. Ingwer schälen und fein hacken – es wird knapp 1 TL benötigt. Chilischote entkernen und fein hacken.

1 EL Sesamöl im Wok erhitzen. Das marinierte Fleisch darin unter Rühren 2–3 Minuten anbraten. Aus dem Wok nehmen und zugedeckt zur Seite stellen.

Erneut 1 EL Öl im Wok erhitzen. Karotten dazugeben und unter Rühren 2 Minuten anbraten. Dann Paprika hinzufügen und unter Rühren 1 Minute anbraten. Zwiebel, Knoblauch, Ingwer und Chili zugeben, kurz mitbraten. Salz, Zitronensaft und Paprikapulver dazugeben, mit Rinderbrühe aufgießen und 3 Minuten garen. Dann Mais und Lauch hinzufügen und weitere 3–4 Minuten garen, das Gemüse sollte bissfest bleiben. Das Rindfleisch dazugeben, erhitzen, mit Pfeffer, Salz und Sojasauce abschmecken. Kurz durchziehen lassen.

Die Petersilie waschen, trocken schütteln, Blättchen abzupfen und fein hacken, darübergeben und den Rindfleisch-Gemüse-Wok servieren.

Dieses Gericht kräftigt unser Yang, wärmt und spendet Energie für den ganzen Körper und alle Organe. Rindfleisch stärkt dazu Blut und Qi, und durch die Marinade wird es gut bekömmlich. Mit der bunten Gemüsevielfalt ein hervorragendes Mittagessen, das uns Saft und Kraft für die zweite Tageshälfte gibt.

WÜRZIGE CHINAKOHL-HACKFLEISCH-PFANNE

FÜR 4 PERSONEN
ZUBEREITUNGSZEIT: 30 MINUTEN

 2 EL Rapsöl, 500 g Rinderhackfleisch, 1 TL Zimt, 1 Chinakohl (ca. 700 g), in feine Streifen geschnitten

 1 Zwiebel, fein gewürfelt, 2 Msp. fein gehackter Ingwer

 Salz

 2 TL frisch gepresster Zitronensaft

 1 TL edelsüßes Paprikapulver

 Zimt

 frisch gemahlener Pfeffer

 Salz, Ume-Su-Würzsauce

 ½ Bund Petersilie, gehackt

In einer großen Pfanne oder einem Wok das Öl erhitzen. Das Hackfleisch darin unter ständigem Rühren ca. 5 Minuten krümelig anbraten. Den Zimt unterrühren. Dann Chinakohl, Zwiebel und Ingwer unterheben und unter Rühren 3 Minuten dünsten. Die Temperatur reduzieren und alles 7–8 Minuten sanft köcheln lassen. Zwischendurch immer wieder umrühren.

Kurz vor Ende der Kochzeit mit Salz, Zitronensaft und Paprikapulver würzen und kurz mitkochen lassen. Zum Schluss nochmals mit etwas Zimt, Pfeffer, Salz und einem kleinen Schuss Ume-Su-Würzsauce abschmecken.

Mit gehackter Petersilie bestreuen und servieren.

Tipp: Dazu schmecken Salzkartoffeln oder ein Kartoffel-Sellerie-Stampf.

Chinakohl wirkt säftebildend und kühlend. Zimt wärmt die Mitte und die Niere, und auch Paprika wärmt – dadurch entsteht eine gute Balance zwischen warm und kühl. In Ergänzung zum Rinderhackfleisch ein nährendes, aber nicht belastendes Gericht.

SPITZKOHL ASIATISCH MIT PUTE

FÜR 4 PERSONEN
ZUBEREITUNGSZEIT: 40 MINUTEN PLUS
MINDESTENS 30 MINUTEN MARINIERZEIT

 350 g Putenbrust

 500 g Süßkartoffeln, 1 Spitzkohl (ca. 750–800 g)

 3 Frühlingszwiebeln, 1 dickere Scheibe Ingwer, ca. ¼ rote milde Chilischote

 2 EL Sesamöl

 1 TL mildes Currypulver

 1 TL Sojasauce

 einige Spritzer Limetten- oder Zitronensaft

 2 Msp. Kurkuma

 2 EL Rosinen, 250 ml Gemüsebrühe, 300 ml Kokosmilch

 Currypulver

 1–2 TL Sojasauce, Salz

 2 EL Sesamöl

MARINADE FÜR DAS FLEISCH
3 EL Sojasauce, 1 Msp. Limetten- oder Zitronensaft, 2 Msp. Kurkuma, 2 EL Sesamöl, 1 TL fein gehackter Ingwer, 2 EL Sherry

ZUSÄTZLICH
geröstetes Sesamöl, gerösteter Sesam, 2 TL frischer gehackter Koriander

Das Fleisch unter fließendem kaltem Wasser abbrausen, trocken tupfen und klein schneiden. Alle Zutaten für die Marinade in einer Schüssel gut verrühren. Das Fleisch hinzufügen und abgedeckt mindestens 30 Minuten marinieren, falls möglich länger.

Die Süßkartoffeln schälen, waschen und in ca. 2 cm große Würfel schneiden. Den Spitzkohl putzen, waschen, halbieren, den Strunk entfernen und in dünne Streifen schneiden. Die Frühlingszwiebeln putzen, waschen und schräg in Ringe schneiden. Den Ingwer schälen und fein hacken – 1 TL wird benötigt. Die Chilischote halbieren, Kerne entfernen und ein Viertel der Schote fein hacken.

Das Sesamöl im Wok erhitzen. Süßkartoffeln, Ingwer, Chili und Curry darin 2–3 Minuten unter Rühren anbraten. Sojasauce, Limettensaft und Kurkuma unterrühren. Rosinen dazugeben, mit der Gemüsebrühe aufgießen und alles 4–5 Minuten köcheln lassen. Die Kokosmilch dazugießen und aufkochen. Den Spitzkohl hinzufügen und weitere 4–5 Minuten garen. Die Frühlingszwiebeln dazugeben, kurz garen und mit Currypulver, Sojasauce und Salz abschmecken.

In der Zwischenzeit das Sesamöl in einer Pfanne mild erhitzen und die Putenstreifen darin 4–5 Minuten unter Rühren sanft braten. Die Putenstreifen auf das Spitzkohlgemüse legen. Mit einigen Tropfen geröstetem Sesamöl, Sesam und frisch gehacktem Koriander garnieren und servieren.

Da es aus Sicht der Organuhr wichtig ist, am Abend zur Ruhe zu finden, empfiehlt sich dieses Gericht vor allem als Mittagessen. Die Gewürze und die asiatische Schärfe machen dieses Gericht hitzig, bringen unsere Yang-Energien in Wallung. Und diese Energien können wir am besten für den Tag und seine Anforderungen nutzen.

APFEL-APRIKOSEN-CRUMBLE

FÜR 4 PERSONEN
ZUBEREITUNGSZEIT: 45 MINUTEN
INKLUSIVE 30 MINUTEN BACKZEIT

STREUSEL/CRUMBLE

 80 g Butter, 50 g Rohrzucker, 50 g gemahlene Mandeln, 1 Msp. Zimt

 50 g Haferflocken

 1 Prise Salz

 100 g Dinkelmehl

 2 Msp. Kakao

OBST

 Butter für die Auflaufform, 125 g getrocknete Aprikosen, 1 kg mild-süße Äpfel, 2 Msp. gemahlene Bourbon-Vanille, 1 Msp. Zimt

 2 Msp. gemahlener Kardamom, ½ EL Rum oder Calvados

 1 kleine Prise Salz

 1 unbehandelte Zitrone

 2 Msp. Kakao

 2 EL Apfelsaft, 1 EL Ahornsirup

Eine Auflaufform mit Butter einfetten. Die getrockneten Aprikosen in heißem Wasser 10 Minuten einweichen. Den Backofen auf 180 °C vorheizen.

Für die Streusel Butter, Zucker, Mandeln, Zimt, Haferflocken, Salz, Mehl und Kakao in einer Schüssel mit den Händen zu Streuseln kneten. Zur Seite stellen.

Die eingeweichten Aprikosen in Würfel schneiden und in die Auflaufform geben. Die Äpfel schälen, das Kerngehäuse entfernen, das Fruchtfleisch ebenfalls in Würfel schneiden, in die Auflaufform geben und mit den Aprikosen vermischen.

Bourbon-Vanille, Zimt, Kardamom, Rum oder Calvados und Salz in eine Schüssel geben. Die Zitrone auspressen – für den Crumble werden 2 EL Saft benötigt – und ½ TL Zitronenschale fein abreiben und beides hinzufügen. Kakao, Apfelsaft und Ahornsirup ebenfalls unterrühren. Diese Mischung über das Obst gießen und gut vermengen. Die Streusel darauf verteilen.

Den Crumble im Backofen auf der mittleren Schiene ca. 30 Minuten backen.

Tipp: Der Crumble kann warm oder kalt serviert werden. Wenn es besonders dekorativ sein soll, können Sie den Crumble auch in feuerfesten Gläsern zubereiten.

Süß und lecker – und die Gewürze stimmen auf die kältere Jahreszeit ein. Der Apfel stützt die Mitte und im Verbund mit der Aprikose wirken beide befeuchtend auf unseren Körper. Gut für die Lunge und unsere Haut bei trockener Raumluft. Ein wärmendes Dessert und eine gute Alternative zu Kuchen am Nachmittag.

KÜRBIS-APFEL-CREME

FÜR 4 PERSONEN
ZUBEREITUNGSZEIT: 25 MINUTEN PLUS
MINDESTENS 1 STUNDE ABKÜHLZEIT

 350 g Hokkaido-Kürbis, 500 g Äpfel, 150 ml Apfelsaft, 2 EL Vollrohrzucker, 2 Msp. gemahlene Bourbon-Vanille, ½ Zimtstange

 1 Msp. gemahlener Kardamom, 1 Sternanis, 2 EL brauner Rum

 1 Prise Salz

 1 unbehandelte Orange

 Apfeldicksaft, Zimt, 125 ml Sahne

 etwas Zimt, 1 Handvoll halbierte Weintrauben, geröstete und gehackte Walnüsse oder Kürbiskerne

Den Hokkaido-Kürbis waschen und halbieren. Die Kerne mit einem Löffel entfernen und Kürbis in kleine Würfel schneiden. Die Äpfel schälen, vierteln, das Kerngehäuse entfernen und das Fruchtfleisch in Würfel schneiden.

Apfelsaft, Kürbis- und Apfelwürfel, Vollrohrzucker, Bourbon-Vanille, Zimtstange, Kardamom, Sternanis, Rum und Salz in einen Topf geben.

Die Orangenschale fein abreiben – ½ TL wird davon benötigt – und dann die Orange auspressen, 50 ml Saft werden gebraucht. Orangensaft und Orangenschalenabrieb in den Topf geben und alles gut vermischen. Aufkochen und 12–13 Minuten bei geringer Temperatur weich garen. Immer wieder mal umrühren, damit nichts anbrennt. Bei Bedarf noch Apfelsaft dazugeben. Zimtstange und Sternanis entfernen und die Masse pürieren. Mit Apfeldicksaft und Zimt nach Geschmack abrunden. Die Creme in eine Glasschüssel füllen und mindestens 1 Stunde abkühlen lassen.

Dann die Sahne steif schlagen und mit einer Gabel unter die abgekühlte Creme ziehen. In Dessertgläser füllen und mit etwas Zimt bestäuben. Mit den Trauben und den gerösteten Nüssen garnieren und servieren.

Unser Freund, der Kürbis, eignet sich auch wunderbar für ein leckeres Herbstdessert. Der Kürbis stärkt unsere Mitte, nährt unser Qi, die Äpfel spenden gute Säfte. Gut geeignet auch am Nachmittag als kleine Leckerei. Damit hat der Herbstblues an trüben Tagen keine Chance!

水 DER WINTER ist dem Element

Wasser zugeordnet. Väterchen Frost hält Einzug. Wir schützen uns vor äußerer und innerer Kälte und suchen Ruhe und Regeneration. Wir haben wieder mehr Appetit auf deftige Mahlzeiten und stärken unser Immunsystem mit Eintöpfen, Suppen und Schmorgerichten, die uns von innen heraus wärmen. Freuen Sie sich auf Maronensuppe und Wildgulasch mit Rotkohl.

PORRIDGE MIT TROCKENOBSTKOMPOTT

ZUTATEN FÜR 2 PERSONEN
ZUBEREITUNGSZEIT: 20 MINUTEN
PLUS 12 STUNDEN EINWEICHZEIT

TROCKENOBSTKOMPOTT

 175 g gemischte Trockenfrüchte (Feigen, Aprikosen, Rosinen, Goji-Beeren), ½ Zimtstange, 1 Msp. gemahlene Bourbon-Vanille

 1 Msp. Nelkenpulver, 1 Sternanis

 1 Prise Salz

 einige Spritzer Zitronensaft

 2 Msp. Kakao

PORRIDGE

 250 ml Hafermilch, 100 g Haferflocken, 2 Msp. gemahlener Kardamom

 1 Prise Salz

 2–3 Spritzer Zitronensaft

 2 Msp. Kakao

 1 Msp. gemahlene Bourbon-Vanille, 1 TL Butter, 1–2 EL grob gehackte Walnüsse

Feigen und Aprikosen vierteln und mit den Rosinen und den Goji-Beeren (alternativ Cranberrys) gut bedeckt mit Wasser über Nacht einweichen. Das Obst mit dem Einweichwasser in einen Topf geben. Zimtstange, Bourbon-Vanille, Nelkenpulver, Sternanis, Salz, Zitronensaft und Kakao dazugeben. 5–6 Minuten bei geringer Temperatur köcheln lassen.

Währenddessen die Hafermilch in einen Topf geben und erhitzen. Die Haferflocken unterrühren. Kardamom, 250 ml Wasser und Salz dazugeben. Dann Zitronensaft, Kakao und Bourbon-Vanille unterrühren. Aufkochen und dann bei geringer Temperatur ca. 5 Minuten köcheln lassen. Dabei immer wieder mal umrühren. Bei Bedarf noch etwas heißes Wasser dazugeben. Die Herdplatte ausschalten und den Porridge ca. 5 Minuten bei aufgelegtem Deckel quellen lassen. Etwas Butter unterrühren.

In der Zwischenzeit die Walnüsse in einer Pfanne ohne Öl anrösten und grob hacken. Das Porridge mit dem Kompott in Schalen anrichten und mit den Nüssen bestreuen.

Tipps: Am besten gleich die doppelte Menge für ein schnelles Frühstück am nächsten Tag kochen. Die Trockenfrüchte können nach Geschmack verändert werden. Gut eignen sich auch Datteln oder getrocknete Pflaumen. Das Kompott ist auch lecker als kleine Zwischenmahlzeit am Nachmittag.

Dieses Frühstück wärmt unseren gesamten Körper, es ist deshalb in der kalten Jahreszeit und generell bei Kältegefühlen gut geeignet. Es gibt uns Antrieb, stärkt Nieren, Milz und Magen und schenkt gute Laune für den ganzen Tag.

WÄRMENDER HIRSEBREI MIT 5 GEWÜRZEN

FÜR 2 PERSONEN
ZUBEREITUNGSZEIT: 30 MINUTEN

 100 g (½ Tasse) Hirse, 1 Msp. Zimt, 1 Msp. gehackter oder gemörserter Fenchel, 1 Msp. gehackter oder gemörserter Anis

 1 Msp. Nelkenpulver, 1 Msp. frisch gemahlener Pfeffer

 1 Prise Salz

 1 Spritzer Zitronensaft

 2 Msp. Abrieb einer unbehandelten Zitrone

 1 EL Rapsöl

 4 Frühlingszwiebeln, in feine Ringe geschnitten, frisch gemahlener Pfeffer

 Salz

 2 EL fein gehackte Petersilie

 1–2 EL geröstete Pinienkerne, 2 EL Rapsöl, 2 Eier

250 ml heißes Wasser in einen Topf geben und aufkochen. In der Zwischenzeit die Hirse in einem feinen Sieb gründlich warm abbrausen und abtropfen lassen. Die Hirse in den Topf geben, Zimt, Fenchel, Anis, Nelkenpulver, Pfeffer, Salz, Zitronensaft und Zitronenschalenabrieb hinzufügen. Die Temperatur reduzieren und alles ca. 20 Minuten köcheln lassen, bis die Hirse gar ist (Packungsanleitung beachten).

Kurz vor Ende der Kochzeit das Öl in einer Pfanne mild erhitzen, die Frühlingszwiebeln darin ca. 3 Minuten anschwitzen. Pfeffer und Salz dazugeben. Dann 1 EL der gehackten Petersilie und 1 EL heißes Wasser hinzufügen. Pinienkerne und Hirse unterheben und durchziehen lassen.

Währenddessen etwas Öl in einer weiteren Pfanne erhitzen und pro Portion ein Spiegelei braten. Die Hirse mit je einem Spiegelei auf Teller geben, mit der restlichen Petersilie bestreuen und servieren.

Tipps: Wird die Hirse bereits am Vortag gekocht, spart das am Morgen wertvolle Zeit; sie benötigt aber ein kleines bisschen länger, um in der Pfanne warm zu werden. Wer lieber süß frühstückt, kann die gekochte Hirse auch mit dem Trockenobstkompott (siehe Seite 152) oder mit jedem anderen Kompott kombinieren.

Hirse stärkt nachhaltig die Mitte, und die fünf Gewürze wärmen und bringen das Yang auf Trab. Dieses Frühstück ist wie ein wärmendes Kissen für den Körper und ein Energielieferant bis zum Mittagessen.

WINTERKRAFTSUPPE MIT QUINOA

FÜR 2 PERSONEN
ZUBEREITUNGSZEIT: 25 MINUTEN

 6 Stängel Petersilie

 100 g Quinoa

 500 ml Rinder- oder Hühnerbrühe, 1 Karotte (ca. 70 g), 1 kleines Stück Fenchelknolle (ca. 60 g)

 50 g Lauch, 2 Msp. gemahlener Koriander, 2 Msp. frisch geriebener Ingwer

 1 Spritzer Sojasauce

 1 Spritzer Zitronensaft

 1 Msp. gemahlener Bockshornklee

Die Petersilie waschen, trocken schütteln, die Blättchen abzupfen und fein hacken. Die Quinoa in einem feinen Sieb gut mit 150 ml heißem Wasser abbrausen und abtropfen lassen. 200 ml heißes Wasser in einen Topf geben, aufkochen und die Quinoa dazugeben. Die Temperatur reduzieren und das Getreide ca. 15 Minuten gar köcheln lassen (Packungsanleitung beachten). Den Herd ausschalten und die Quinoa kurz nachquellen lassen.

In der Zwischenzeit Rinder- oder Hühnerbrühe in einem Topf erhitzen. Die Karotte putzen, schälen, vierteln und in kleine Würfel schneiden. Den Fenchel putzen, waschen und in feine Streifen schneiden. Den Lauch putzen, gründlich waschen und in feine Ringe schneiden. Das Gemüse zur Brühe geben, aufkochen und bei geringer Temperatur bissfest köcheln. Koriander und Ingwer hinzufügen. Einen kleinen Schuss Sojasauce, einen Spritzer Zitronensaft und den Bockshornklee in die Suppe rühren. Dann 5–6 EL gekochte Quinoa hinzufügen. In Suppenschalen geben, mit der gehackten Petersilie bestreuen und servieren.

Tipps: Noch sättigender wird die Suppe, wenn gewürfelter Räuchertofu oder Rindfleisch hinzugegeben wird. Als Gemüseeinlage eignen sich auch feine Streifen von Weißkohl, Sellerie oder Petersilienwurzel. Damit es am Morgen schneller geht, die Quinoa bereits am Vorabend kochen und am Morgen in der Suppe erhitzen. Es lohnt sich, etwas mehr Getreide für ein weiteres Frühstück oder als Beilage vorzukochen.

Quinoa im Verbund mit der Rinderbrühe stärkt nachhaltig die Nierenenergie und unsere Mitte. Diese Suppe ist ein Fitmacher für die Abwehrkräfte und lässt uns die Winterkälte besser ertragen. Deshalb ist sie nicht nur fürs Frühstück geeignet!

SÜSSKARTOFFELSUPPE

FÜR 4 PERSONEN
ZUBEREITUNGSZEIT: 30 MINUTEN

 850 g Süßkartoffeln, 1 mittelgroßer mild-süßer Apfel

 1 rote Zwiebel, 1 walnussgroßes Stück frischer Ingwer, ¼ kleine, rote und milde Chilischote

 1 TL Kokosöl

 2 Lorbeerblätter, 1 Msp. Currypulver

 Salz

 einige Spritzer Zitronensaft

 3 Msp. Kurkuma

 1 l heiße Gemüse- oder Rinderbrühe, 125 ml ungesüßte Kokosmilch

 Currypulver

 Salz, 1 Spritzer Sojasauce

ZUSÄTZLICH
gerösteter (schwarzer) Sesam, gehackter Koriander

Die Süßkartoffeln schälen, waschen und in Würfel schneiden. Apfel und Zwiebel schälen und ebenfalls in Würfel schneiden. Den Ingwer schälen und fein reiben – 1 TL wird davon benötigt. Die Chilischote halbieren, entkernen und ein Viertel der Schote fein hacken.

Das Öl in einem Topf sanft erhitzen. Süßkartoffeln, Apfel sowie Zwiebel darin kurz anschwitzen. Dann Ingwer, Chili, Lorbeerblätter und Currypulver dazugeben. Mit Salz, Zitronensaft und Kurkuma würzen und mit heißer Brühe aufgießen – das Gemüse soll gut bedeckt sein. Bei geringer Temperatur ca. 15 Minuten weich köcheln. Kurz vor Ende der Garzeit die Kokosmilch dazugeben und kurz mitkochen. Die Lorbeerblätter aus der Suppe nehmen, den Topf vom Herd ziehen und die Suppe mit dem Stabmixer fein pürieren. Bei Bedarf noch etwas heiße Brühe nachgeben. Die Suppe nach Geschmack mit Currypulver, Salz und einem Spritzer Sojasauce abschmecken.

In Suppenschalen füllen und, mit Sesam und Koriander bestreut, servieren.

Tipp: Wer keinen Koriander mag, verwendet Petersilie.

Süßkartoffel ist eine interessante Variante zur klassischen Kartoffel. Mit Gewürzen wie Curry, Chili und Co. wird für wohlige Wärme und gute Verdaulichkeit gesorgt. In dieser Kombination eine nachhaltige Stärkung für Qi, Milz und Magen.

MARONENSUPPE

FÜR 4 PERSONEN
ZUBEREITUNGSZEIT: 35 MINUTEN

 400 g vorgekochte und vakuumverpackte Maronen, 150 g Karotten, 100 g Petersilienwurzel

 1 Zwiebel

 1 EL Rapsöl

 1 Msp. getrockneter Thymian, 3 Msp. getrockneter Salbei, 2 Msp. gemahlener Kardamom

 1 Prise Salz

 100 ml Weißwein, 1 unbehandelte Orange

 2 Msp. Kurkuma

 ca. 750 ml heiße Gemüse- oder Rinderbrühe (bei Bedarf mehr)

 100 ml Hafersahne, frisch gemahlener Pfeffer, frisch geriebene Muskatnuss

 Salz, 1 Spritzer Sojasauce

ZUSÄTZLICH
gehackte Petersilie oder Kresse

Die vorgekochten Maronen in Würfel schneiden. Karotten und Petersilienwurzel putzen, schälen und in Würfel schneiden. Die Zwiebel schälen und ebenfalls würfeln.

Das Öl in einem Topf sanft erhitzen. Maronen, Karotten, Petersilienwurzel und Zwiebel darin kurz anschwitzen. Thymian, leicht gerebelten Salbei, Kardamom und Salz hinzufügen. Mit Weißwein ablöschen und kurz verdampfen lassen. In der Zwischenzeit eine halbe Orange auspressen, 1 Msp. Schale fein abreiben. 2 EL Orangensaft, den Orangenschalenabrieb und Kurkuma dazugeben und mit Gemüse- oder Rinderbrühe aufgießen. Aufkochen und bei geringer Temperatur 15–17 Minuten köcheln. Hafersahne dazugeben und die Suppe pürieren. Bei Bedarf noch etwas Brühe hinzufügen.

Mit wenig Pfeffer, Muskat, Salz und etwas Sojasauce abschmecken. Kurz durchziehen lassen, aber nicht mehr kochen. Die Suppe in Schalen füllen und mit frischen Kräutern nach Wahl bestreuen.

Tipp: Wer sich die Zeit nehmen kann und möchte, verwendet für diese Suppe frische Maronen, die im Backofen gegart und dann geschält werden. Dann, wie oben beschrieben, verarbeiten. Das Aroma entschädigt für die Mehrarbeit.

Maronen sind richtige kleine Kraftpakete, die uns durch und durch stärken und die Funktionskreise der Mitte und der Niere stützen. Die Vielfalt der Gewürze sorgt für eine gute Bekömmlichkeit der gehaltvollen Marone. Diese Suppe stärkt uns mittags wie abends.

STECKRÜBEN-KARTOFFEL-SUPPE

FÜR 4 PERSONEN
ZUBEREITUNGSZEIT: 40 MINUTEN

 500 g Steckrüben, 200 g Karotten, 300 g Kartoffeln

 1 Zwiebel

 1 EL Rapsöl

 2 Lorbeerblätter, ½ TL getrockneter Majoran, 1 Msp. getrockneter Liebstöckel, 1 Msp. gemahlener Koriander, 1 Msp. grob gehackte Kümmelsamen

 1 Prise Salz

 4 Stängel frische Petersilie, gehackt

 4 Wacholderbeeren, 2 Msp. Paprikapulver

 ca. 1,25 l Rinder- oder Gemüsebrühe, ¼ Wirsingkopf (250 g)

 frisch gemahlener Pfeffer, frisch geriebene Muskatnuss

 1 TL Sojasauce, Salz

ZUSÄTZLICH
frisch geriebener Meerrettich, 1 EL gehackte Petersilie

Steckrüben und Karotten putzen, schälen und in ca. 2 cm große Würfel schneiden. Die Kartoffeln schälen, waschen und in ca. 2 cm große Würfel schneiden. Die Zwiebel schälen und fein würfeln.

Das Öl in einem Topf sanft erhitzen. Steckrübe, Kartoffeln, Karotten und Zwiebel darin kurz anschwitzen. Lorbeerblätter, Majoran, Liebstöckel, Koriander, Kümmel, Salz und Petersilie dazugeben. Die Wacholderbeeren leicht andrücken und mit dem Paprikapulver hinzufügen. Mit Brühe aufgießen und ca. 12 Minuten köcheln lassen.

Währenddessen den Wirsing putzen und waschen, den Strunk herausschneiden und den Wirsing in feine Streifen schneiden. Nach 12 Minuten zur Suppe geben und nochmals ca. 10 Minuten kochen.

Die Suppe mit Pfeffer nach Bedarf, etwas frisch geriebenem Muskat, Sojasauce und Salz abschmecken.

In Suppenschalen füllen und, mit etwas frisch geriebenem Meerrettich und gehackter Petersilie bestreut, servieren.

Tipps: Gehaltvoller wird die Suppe, wenn man Räuchertofuwürfel oder Würstchen zur Suppe gibt. Am besten gleich eine größere Menge kochen. In luftdichten Behältnissen hält sich die Suppe mehrere Tage im Kühlschrank. Oder nach dem Kochen heiß in sterile Schraubgläser füllen, dann ist die Suppe im Kühlschrank auch länger haltbar.

Die Steckrübe erfährt aktuell eine Renaissance, sie war sehr in Vergessenheit geraten. Zusammen mit Kartoffel, Wirsing und Karotte entsteht ein nährendes Quartett und somit eine unser Yin und Yang gleichermaßen stärkende Wintersuppe, die auch schon im Herbst guttut.

ROSENKOHLSALAT MIT GRANAT-APFELKERNEN UND MARONEN

FÜR 4 PERSONEN
ZUBEREITUNGSZEIT: 35 MINUTEN PLUS
MINDESTENS 30 MINUTEN MARINIERZEIT

 1 reifer Granatapfel

 700 g Rosenkohl

 Salz

 250 g vorgekochte und vakuum-verpackte Maronen

 2 Frühlingszwiebeln

 1 kleines geräuchertes Forellenfilet pro Person

DRESSING
2 EL Rapsöl, 2 EL Walnussöl, 1–2 TL Feigensenf oder Dijonsenf, frisch gemahlener Pfeffer, 2 Msp. Cayennepfeffer, 1 TL Sojasauce, Salz, 2 EL Granatapfelsaft, 2 Msp. Paprikapulver, 2 Msp. Zimt, Agavendicksaft

ZUSÄTZLICH
frisch gehackte Petersilie

Den Granatapfel mit den Händen auf einer harten Unterlage einige Male unter Druck hin- und herrollen und dann halbieren. Eine Hälfte mit der Schnittfläche nach unten über eine Schüssel halten und mit einem Kochlöffel auf die Schale klopfen, damit die Kerne herausfallen. Eventuell mit einem Löffel nachhelfen. Die zweite Hälfte des Granatapfels wie eine Orange auspressen. Den Saft zur Seite stellen, er wird später für das Dressing benötigt.

Für das Dressing alle Zutaten bis auf den Agavendicksaft in einer Schüssel gut verrühren. Dann mit etwas Agavendicksaft abschmecken.

Den Rosenkohl putzen, am Stielende kreuzförmig einschneiden und in leicht gesalzenem Wasser weich garen. Währenddessen die Maronen halbieren. Die Frühlingszwiebeln putzen, waschen und in ganz feine Ringe schneiden. Den Rosenkohl durch ein Sieb abschütten, kurz abtropfen lassen und zu den Granatapfelkernen in die Schüssel geben. Dann Maronen und Frühlingszwiebeln hinzugeben.

Das Dressing gut mit dem Salat vermischen und mindestens 30 Minuten durchziehen lassen. Nochmals abschmecken und mit gehackter Petersilie bestreuen. Den Salat mit den geräucherten Forellenfilets servieren.

Rosenkohl ist eines der wärmendsten Wintergemüse überhaupt und liefert uns viel Vitamin C. Der Granatapfel ergänzt ihn mit einem wahren Vitamin- und Mineraliencocktail. Im Verbund mit der Marone ist dieser Salat ein richtiges Energiepaket und eine Freude für alle Sinne!

BAYERISCHE BRUSCHETTA

FÜR 4 PERSONEN (VORSPEISE)
ZUBEREITUNGSZEIT: 35 MINUTEN

 1 EL Raps- oder Sonnenblumenöl, 50 g Räuchertofu, in kleine Würfel geschnitten

 1 mittelgroße Zwiebel, in feine Würfel geschnitten

 1 Prise Salz

 200 g frisches Sauerkraut, abgetropft und klein geschnitten

 4 Msp. edelsüßes Paprikapulver

 125 ml heiße Gemüse- oder Rinderbrühe

 1 Msp. Kümmel, ½ TL getrockneter Majoran, 1 Msp. Cayennepfeffer

 Salz

 1 EL Schmand, 8 Scheiben Dinkelbaguette, 1–2 EL gehackte Petersilie

Den Backofen auf 175 °C vorheizen.

Das Öl in einer Pfanne sanft erhitzen. Tofu- und Zwiebelwürfel darin anschwitzen. Salz, Sauerkraut und Paprikapulver dazugeben und mit der Gemüse- oder Rinderbrühe aufgießen. Alles ca. 8 Minuten sanft dünsten. Mit Kümmel, Majoran, Cayennepfeffer und etwas Salz pikant abschmecken. Nochmals 2–3 Minuten köcheln lassen. Dann den Schmand unterheben.

Ein Backblech mit Backpapier auslegen, mit Löffeln acht Sauerkrauttaler auf das Blech setzen und 6–7 Minuten backen. Nicht zu dunkel werden lassen. Kurz vor Ende der Backzeit die Baguettescheiben kräftig toasten, auf Teller geben und die Sauerkrauttaler daraufsetzen. Mit Petersilie bestreut, servieren.

Tipp: Eine kleine, aber feine Speise für alle, die Sauerkraut mal anders genießen möchten.

Auch bei uns wird Sauerkraut wegen seiner positiven Wirkung auf den Darm und auch als Vitamin-C-Lieferant geschätzt. Die Schar der Gewürze – Kümmel und Majoran im Speziellen – sorgt für einen Genuss ohne Reue!

GEBRATENER CHICORÉE MIT THYMIAN

FÜR 4 PERSONEN
ZUBEREITUNGSZEIT: 20 MINUTEN

 2 große unbehandelte Orangen

 4 mittelgroße Stauden Chicorée

 2 EL Rapsöl, 2 Msp. gemahlene Bourbon-Vanille

 ½ TL getrockneter Thymian, frisch gemahlener Pfeffer

 Salz

 5 TL Preiselbeeren aus dem Glas

 100 g Fetakäse

ZUSÄTZLICH
getoastetes Ciabatta

Eine Orange fein abreiben – ½ TL Schale wird benötigt. Den Abrieb zur Seite stellen. Dann beide Orangen mit einem scharfen Messer abschälen, inklusive der weißen Haut. Die Orangenfilets mit einem scharfen Messer aus den Häuten lösen. Dabei über einer Schüssel arbeiten, den Saft auffangen. Filets und Saft separat beiseitestellen. Chicorée putzen, waschen und halbieren.

Öl in einer großen Pfanne sanft erhitzen und den Chicorée darin von beiden Seiten kurz anbraten. In der Zwischenzeit aus Bourbon-Vanille, Thymian, Pfeffer, Salz, 1 TL Wasser, Orangensaft und Schalenabrieb einen Sud herstellen. In die Pfanne zum Chicorée geben und verrühren. Chicorée zugedeckt bei geringer Temperatur 6–7 Minuten dünsten; er sollte nicht zu weich werden. Dann die Orangenfilets und 1 TL Preiselbeeren dazugeben und kurz erwärmen. Zum Schluss den Feta über den Chicorée bröseln und leicht schmelzen lassen.

Chicorée auf Tellern anrichten und mit jeweils 1 TL Preiselbeeren garnieren. Dazu das getoastete Ciabatta reichen.

Alternativ kann der Chicorée auch gut als Beilage zu Fisch, Fleisch, Tofu oder gekochtem Getreide gegessen werden.

Der thermisch erfrischende Chicorée erfährt durch die Zubereitung eine Wärmung und ist so auch in der kalten Jahreszeit ein willkommener Lieferant für den Feuchtigkeitshaushalt des Körpers. Seine Bitterstoffe sind wohltuend für die Verdauung, er unterstützt dazu die Funktionskreise Leber und Herz.

LINSEN-GEMÜSE-EINTOPF

FÜR 4 PERSONEN
ZUBEREITUNGSZEIT: 40 MINUTEN

 300 g Karotten, 150 g Petersilienwurzel, 300 g Kartoffeln, 100 g Stangensellerie

 125 g Lauch, 1 Zwiebel, 1 Stück frischer Ingwer

 2 EL Rapsöl

 2 Lorbeerblätter, ½ TL mildes Currypulver, ½ TL gemahlener Koriander, 1 Msp. gemahlener Kreuzkümmel

 150 g rote Linsen, 1 Msp. getrocknete Wakame-Alge

 6 Stängel Petersilie, gehackt

 1 Msp. Kurkuma

 ca. 1 ½ l heiße Rinder- oder Hühnerbrühe, 2 Msp. Zimt

 Currypulver, frisch gemahlener Pfeffer

 Salz, 1 Spritzer Sojasauce

 1–2 TL Balsamico-Essig

ZUSÄTZLICH
2 EL gehackter Koriander oder Petersilie

Karotten und Petersilienwurzel putzen, schälen und in kleine Würfel schneiden. Die Kartoffeln schälen, waschen und in kleine Würfel schneiden. Den Stangensellerie putzen, waschen und in halbe Ringe schneiden. Den Lauch putzen, halbieren, gründlich waschen und in feine Ringe schneiden. Die Zwiebel schälen und in feine Würfel schneiden. Den Ingwer schälen und reiben – ½ TL wird benötigt.

Das Öl in einem Topf sanft erhitzen. Zwiebel, Ingwer, Lorbeerblätter, Currypulver, Koriander und Kreuzkümmel darin kurz anschwitzen.

Die Linsen in ein feines Sieb geben, gut kalt abbrausen und zu den Gewürzen in den Topf geben. Algen, Petersilie und Kurkuma ebenfalls hinzufügen. Mit 1,25 Liter Rinder- oder Hühnerbrühe aufgießen und 10 Minuten köcheln lassen. Eventuell auftretenden Schaum abschöpfen und bei Bedarf noch etwas Brühe dazugeben. Karotten, Petersilienwurzel, Kartoffeln und Stangensellerie in den Topf geben und bei geringer Temperatur weitere 8 Minuten köcheln lassen. Bei Bedarf noch etwas Brühe hinzufügen. Zimt und Lauch dazugeben, nochmals 6–8 Minuten sanft köcheln lassen, bis alles gar ist.

Den Eintopf pikant mit Currypulver, Pfeffer, Salz, Sojasauce und etwas Balsamico-Essig abschmecken. Kurz durchziehen, aber nicht mehr kochen lassen. Mit gehacktem Koriander oder Petersilie bestreut, servieren.

Tipp: Wer möchte, ergänzt den Eintopf mit Räuchertofuwürfeln oder Putenwienern.

Ein herrliches Gericht für die kalte Jahreszeit: Gewürze, die uns wärmen und eine gute Verdaulichkeit sicherstellen. Stärkendes Gemüse, dazu die wohlbekannte Linse, die unser Blut und Qi nährt und die Funktionskreise Herz und Niere stützt. Ein leckerer Rundumschlag für unsere Ausdauer und Leistungsfähigkeit.

KARTOFFEL-ROTE-BETE-PASTINAKEN-AUFLAUF

FÜR 4 PERSONEN
ZUBEREITUNGSZEIT: 1 STUNDE 45 MINUTEN
INKLUSIVE 80 MINUTEN BACKZEIT

 150 g Feta, 400 g Rote Bete

 600 g Kartoffeln, 400 g Pastinake, etwas Butter für die Auflaufform

 400 ml Hafersahne, 2 TL Feigensenf, 1 Msp. gemahlener Koriander, 3 Msp. gemahlener Kreuzkümmel, ½ TL getrockneter Thymian, frisch gemahlener Pfeffer

 Salz

 einige Spritzer Zitronensaft

 ½ TL gemahlener Piment

 2 Msp. Zimt, 2 EL Pfeilwurzelstärke, 2 EL Kürbiskerne

Den Backofen auf 180 °C Umluft vorheizen.

Den Feta zerbröseln und beiseitestellen. Die Rote Bete schälen und in dünne Scheiben hobeln – dabei am besten Handschuhe tragen. Kartoffeln und Pastinake schälen, waschen und ebenfalls in feine Scheiben hobeln. Eine Auflaufform mit Deckel gut mit Butter fetten. Das Gemüse lagenweise in die Auflaufform schichten.

Die Hafersahne in eine Schüssel geben. Den Feigensenf mit einem Schneebesen unterrühren. Koriander, Kreuzkümmel und Thymian hinzufügen. Mit Pfeffer und Salz kräftig würzen. Etwas Zitronensaft, Piment und Zimt unterrühren. Dann die Pfeilwurzelstärke mit dem Schneebesen kräftig einrühren, damit keine Klümpchen entstehen. Den Würzsud gleichmäßig über das Gemüse gießen.

Den Auflauf im Backofen mit aufgelegtem Deckel ca. 70 Minuten backen. Dann den Deckel abnehmen, den Feta darüberstreuen und offen weitere 10 Minuten überbacken.

In der Zwischenzeit die Kürbiskerne rösten, grob hacken und beiseitestellen. Den Auflauf, mit gehackten Kürbiskernen bestreut, servieren.

Farbenfroh und anheimelnd ist dieser Auflauf – und nicht minder gesund. Er schmurgelt im Ofen leise vor sich hin und verleibt sich so jede Menge wärmende Energie ein, die uns zu dieser Jahreszeit richtig guttut. Das Gemüsetrio stärkt Mitte, Herz und Nierenenergie und ist mittags und abends gleichermaßen gut bekömmlich.

KRAUTFLECKERL À LA OMA

FÜR 4 PERSONEN
ZUBEREITUNGSZEIT: 30 MINUTEN

 1 Kopf Weißkohl (ca. 750 g)

 1 Zwiebel

 2 EL Rapsöl

 ½ TL Kümmel, 1 Msp. gemahlener oder gemörserter Koriander, 2 Lorbeerblätter

 1 Prise Salz

 2–3 Spritzer Zitronensaft

 1 Msp. ungarisches Paprikapulver

 ½ TL Rohrzucker, 125 ml Gemüse- oder Rinderbrühe, 200 g Fusilli-Nudeln

 Salz

 frisch gemahlener Pfeffer, frisch geriebene Muskatnuss

 Salz

 6 Stängel Petersilie

Den Weißkohl putzen, waschen, halbieren, den Strunk herausschneiden und den Kohl in ca. 2 cm große Stücke schneiden. Die Zwiebel schälen und fein würfeln.

Das Rapsöl in einem Topf sanft erhitzen. Die Zwiebeln darin anschwitzen. Nacheinander Kümmel, Koriander, Lorbeerblätter, Salz, Zitronensaft, Paprikapulver und den Rohrzucker hinzufügen und verrühren. Dann den Weißkohl in den Topf geben, gut mit den Gewürzen vermischen und die Brühe angießen. Den Kohl bei aufgelegtem Deckel ca. 20 Minuten köcheln lassen.

In der Zwischenzeit die Nudeln in reichlich Salzwasser bissfest garen. Durch ein Sieb abgießen. Zum Kraut geben und 3–5 Minuten mitgaren. Mit Pfeffer, etwas Muskat und Salz abschmecken. Wer es rassiger möchte, kann noch mehr Paprikapulver dazugeben.

Die Petersilie waschen, trocken schütteln, Blättchen abzupfen und fein hacken. Die Krautfleckerl in Schalen anrichten und, mit Petersilie bestreut, servieren.

Tipps: Ein Rezept, das gern bei uns gekocht wurde. Hier kombiniert mit dem ungarischen Einfluss meiner Schwiegermutter, also würzige Paprika dazu! Wer möchte, gibt noch ein paar Schinkenstreifen zum Kraut oder ergänzt mit Räuchertofu.

Weißkraut ist ein Hit unter den Kohlsorten, liefert viel Vitamin C und stützt Milz und Magen nachhaltig. Der klassische Partner des Kohls, der Kümmel, wirkt ebenfalls positiv auf den Magen und garantiert gute Bekömmlichkeit. Ein Gericht aus Kindertagen, das uns bis heute vor Freude strahlen lässt. Mittags und abends ein Genuss!

ZANDER MIT LINSENGEMÜSE

FÜR 4 PERSONEN
ZUBEREITUNGSZEIT: 40 MINUTEN

FISCH

 1 unbehandelte Zitrone
 4 Zanderfilets mit Haut (à 120 g)
 Rapsöl
 frisch gemahlener Pfeffer
 Salz

LINSEN-APFEL-GEMÜSE

 2 Lorbeerblätter, 1 Scheibe Ingwer
 180 g Belugalinsen
 1 großer mild-süßer Apfel
 ½ Lauchstange, 1 Stück Ingwer
 2 EL Rapsöl
 1 TL Currypulver
 1 Prise Salz
 1 Spritzer Zitronensaft
 3 Msp. edelsüßes Paprikapulver
 250 ml heiße Rinderbrühe, ca. 1 Msp. Pfeilwurzelstärke
 Currypulver, frisch gemahlener Pfeffer
 Salz, etwas Sojasauce
 1 kleiner Spritzer Balsamico-Essig, 8 Stängel Petersilie

Von der Zitrone vorsichtig Zesten abreiben und den Saft auspressen. Den Fisch unter fließendem kaltem Wasser abbrausen, trocken tupfen und mit Zitronensaft beträufeln. Etwas Zitronenschale darüberreiben und beiseitestellen.

Für die Linsen Lorbeerblätter und Ingwerscheibe in einen Topf geben. Die Linsen in einem feinen Sieb gut mit kaltem Wasser abbrausen, abtropfen lassen, zu den Gewürzen in den Topf geben und mit ausreichend kaltem Wasser aufgießen. Linsen ca. 16–18 Minuten kochen, sie sollten noch leicht bissfest sein. Durch ein Sieb abgießen und beiseitestellen.

Kurz vor Ende der Kochzeit den Apfel waschen, vierteln, das Kerngehäuse entfernen und das Fruchtfleisch in Scheiben schneiden. Den Lauch putzen, gründlich waschen, halbieren und in Ringe schneiden. Ingwer schälen und fein reiben – ½ TL wird benötigt. Das Rapsöl in einem Topf sanft erhitzen, Äpfel, Lauch, Ingwer und Currypulver darin 3–4 Minuten unter Rühren sanft anschwitzen. Dann Linsen, Salz, Zitronensaft und Paprikapulver unterrühren. Mit der Rinderbrühe ablöschen, die Pfeilwurzelstärke darüberstäuben und unterrühren. Alles ca. 4 Minuten köcheln lassen. Mit Currypulver, Pfeffer, Salz, Sojasauce und etwas Balsamico-Essig abschmecken. Warm halten, aber nicht mehr kochen lassen.

In einer beschichteten Pfanne das Rapsöl sanft erhitzen. Den Fisch mit der Hautseite in die Pfanne geben, mit Pfeffer und Salz würzen und 3–4 Minuten braten. Die Temperatur reduzieren, den Fisch wenden und gar ziehen lassen. Alternativ kann man den Fisch auch sehr gut im Dampfgarer zubereiten. Während der Fisch gar zieht, die Petersilie waschen, trocken schütteln, die Blättchen abzupfen und fein hacken. Fisch und Linsen-Apfel-Gemüse auf Tellern anrichten und mit gehackter Petersilie bestreuen.

Fische generell – und da macht der Zander keine Ausnahme – stärken die Mitte und unser Blut und spenden mit ihrem Eiweiß reichlich Energie. Wie die Linse wirkt der Fisch positiv auf die Nierenenergie. Ein optimales Mittagessen, das nicht belastet, aber auch als frühes Abendessen möglich ist.

WILDGULASCH MIT ROTKOHL

FÜR 4 PERSONEN
ZUBEREITUNGSZEIT: 2 STUNDEN INKLUSIVE
KOCHZEIT PLUS 12 STUNDEN MARINIERZEIT

WILDGULASCH

 500 g Reh- oder Hirschgulasch, 1 große Zwiebel

 150 g Knollensellerie, 150 g Karotte, 2 EL Bratöl

 1 TL Sojasauce

 1 EL Tomatenmark

 1 Zweig Rosmarin

 125 ml Rindfleisch- oder Gemüsebrühe, 1 EL Pfeilwurzelstärke

MARINADE FÜR DAS FLEISCH
2 Lorbeerblätter, 1 Msp. Thymian, 1 TL Sojasauce, 2 TL Balsamico-Essig, 6 Wacholderbeeren, ¼ l Rotwein, 1 TL Rapsöl

ROTKRAUT

 1 Rotkohl (ca. 700 g), 1 Apfel, 2 EL Rapsöl

 1 Zwiebel, 2 Lorbeerblätter, 3 Nelken, 2 Msp. Kümmel

 1 TL Sojasauce

 1 EL Balsamico-Essig

 4 Pimentkörner, 1 Schuss Rotwein

 150 ml Traubensaft, 200 ml Gemüsebrühe, ½ TL Rohrzucker

Alle Zutaten für die Marinade in einer Schüssel gut verrühren. Das Reh hinzufügen und abgedeckt über Nacht im Kühlschrank marinieren lassen.

Die Zwiebel schälen und fein würfeln. Das Rehgulasch aus der Marinade nehmen und trocken tupfen. (Die Marinade aufbewahren, sie wird für das Gulasch benötigt.) Sellerie und Karotte putzen, schälen und in Würfel schneiden.

Das Bratöl in einem Schmortopf erhitzen und das Fleisch darin von allen Seiten anbraten. Aus dem Topf nehmen und abgedeckt beiseitestellen. Erneut das Öl erhitzen und Sellerie, Karotten und Zwiebel darin 4–5 Minuten unter Rühren sanft anbraten. Sojasauce und Tomatenmark gut unterrühren, etwas anschwitzen. Rosmarin hineingeben, die Marinade mit den Gewürzen hinzufügen und aufkochen lassen. Dann die Brühe dazugießen und nochmals aufkochen lassen. Das Rehfleisch hinzufügen und abgedeckt bei geringer Temperatur ca. 1 ½ Stunden sanft schmoren lassen. Bei Bedarf noch etwas Brühe dazugeben.

In der Zwischenzeit den Rotkohl putzen, vierteln, vom Strunk befreien und in feine Streifen hobeln. Den Apfel schälen, vierteln, vom Kerngehäuse befreien und in Würfel schneiden. Die Zwiebel schälen und ebenfalls in Würfel schneiden.

Das Öl in einem Topf sanft erhitzen. Rotkohl, Apfel- und Zwiebelwürfel darin kurz anschwitzen. Nacheinander Lorbeerblätter, Nelken und Kümmel unterheben. Sojasauce, Balsamico-Essig und Pimentkörner hinzufügen und mit Rotwein ablöschen. Mit Traubensaft und Gemüsebrühe aufgießen, aufkochen und bei geringer Temperatur 50–55 Minuten weich köcheln lassen. Mit etwas Rohrzucker, Pfeffer und Salz abschmecken. Das Rehgulasch mit dem Rotkohl auf Tellern anrichten und servieren.

Rehfleisch ist ein nährendes und wärmendes Fleisch, und durch das Schmoren und die Gewürze wird dieser Effekt noch verstärkt. Auch der Rotkohl kräftigt und nährt, beides zusammen ergibt einen fabelhaften Winterklassiker und ein Festessen dazu. Dieses Gericht stärkt unsere Abwehrenergie und ist als Mittagessen wärmstens zu empfehlen.

ENTENGESCHNETZELTES MIT BIRNEN UND LAUCH

FÜR 4 PERSONEN
ZUBEREITUNGSZEIT: 40 MINUTEN PLUS
MINDESTENS 30 MINUTEN MARINIERZEIT

 2 Entenbrustfilets

 100 g Shiitakepilze

 2 kräftige Stangen Lauch, 1 rote Zwiebel, 1 walnussgroßes Stück Ingwer, ¼ kleine, rote und milde Chilischote, 2 Stängel Zitronengras

 2 EL Kokosöl zum Braten

 1 Prise Salz

 200 ml Hühnerbrühe

 je 2 Msp. Kurkuma

 1 große, aromatische, nicht zu weiche Birne, 200 ml Kokosmilch, ca. 1 TL Pfeilwurzelstärke zum Binden

 frischer Koriander, frisch gemahlener Pfeffer

 Sojasauce, Salz

MARINADE FÜR DIE ENTENBRUSTFILETS
2 TL Agavendicksaft, 1 TL fein gehackter Ingwer, 4 EL Sojasauce, 4 EL Wasser, 1 TL Zitronensaft, je 2 Msp. Kurkuma und Paprikapulver

Alle Zutaten für die Marinade in einer Schüssel gut verrühren. Die Haut der Entenbrustfilets abziehen. Die Entenbrüste in die Marinade geben und 30 Minuten marinieren, gern auch länger.

Die Shiitakepilze mit einem Küchentuch säubern, Stiele abdrehen, Köpfe vierteln. Lauch putzen, waschen und schräg in Ringe schneiden. Zwiebel schälen, halbieren und in dünne Halbringe schneiden. Ingwer schälen und fein reiben – 1 TL wird benötigt. Chilischote halbieren, die Kerne entfernen und ein Viertel der Schote klein hacken. Zitronengrasstängel putzen, waschen und mit dem Messerrücken andrücken.

Die Entenbrust aus der Marinade nehmen, die Marinade gut abstreifen, sie kommt später zum Gemüse. Die Entenbrust klein schneiden. Das Öl im Wok erhitzen. Das Fleisch darin rundherum 3–4 Minuten anbraten. Aus der Pfanne nehmen und abgedeckt warm stellen. Erneut Öl im Wok erhitzen. Shiitakepilze, Lauch, Zwiebel, Ingwer, Chili und Zitronengras darin unter Rühren 3 Minuten anbraten. Mit einer Prise Salz würzen, mit heißer Hühnerbrühe ablöschen und Kurkuma unterrühren. 6–7 Minuten köcheln lassen.

Die Birne waschen, schälen, vierteln, entkernen und quer in Scheiben schneiden. Birne und Kokosmilch dazugeben. Aufkochen und weitere 3–4 Minuten sanft köcheln lassen. Die Pfeilwurzelstärke in kaltem Wasser anrühren und das Gemüse damit leicht binden. Entenmarinade hinzufügen und kurz aufkochen. Dann die Ente dazugeben und erhitzen, aber nicht mehr aufkochen.

Den Koriander waschen, trocken schütteln, die Blättchen abzupfen und grob hacken. Das Gericht nochmals mit Pfeffer, Sojasauce und Salz abschmecken. Die Ente mit dem Gemüse auf Tellern anrichten und mit dem gehackten Koriander bestreuen.

Ente ist eine Stütze für die Funktionskreise Lunge und Niere. Im Gespann mit dem wärmenden Lauch, Ingwer und Chili ein stärkendes Mittagessen für die kältere Jahreszeit. Die Birne wirkt befeuchtend auf Haut und Schleimhäute – ein ideales Gegengewicht zur austrocknenden Heizungsluft.

DEFTIGER BOHNENEINTOPF

FÜR 4 PERSONEN
ZUBEREITUNGSZEIT: 2 ¼ STUNDEN
INKLUSIVE KOCHZEIT PLUS MINDESTENS
12 STUNDEN EINWEICHZEIT

 75 g weiße Bohnen, 75 g rote Kidneybohnen

 200 g Knollensellerie, 200 g Karotte

 1 Zwiebel, 100 g Lauch, 1 kleines Stück Ingwer

 1 EL Rapsöl

 2 Lorbeerblätter, 2 Msp. Kümmel, 1 Msp. getrocknetes Bohnenkraut, 1 Msp. gemahlener Koriander, 1 Msp. Majoran

 1 Msp. getrocknete Wakame-Alge

 4 Stängel Petersilie, gehackt

 4 Wacholderbeeren, angedrückt, 1 l heißes Wasser

 250 ml Rindfleisch- oder Hühnerbrühe

 frisch gemahlener Pfeffer

 Salz, Sojasauce, 50 g magerer Speck

 8 Stängel Petersilie, Balsamico-Essig

Die Bohnen in reichlich kaltem Wasser mindestens 12 Stunden einweichen, falls möglich noch länger. Vor dem Kochen durch ein Sieb abgießen und gründlich mit kaltem Wasser abbrausen.

Sellerie und Karotten putzen, schälen und in kleine Würfel schneiden. Die Zwiebel schälen und fein würfeln. Lauch halbieren, gründlich waschen und in Ringe schneiden. Den Ingwer schälen und reiben – 1 Msp. wird benötigt.

Das Rapsöl in einem hohen Topf sanft erhitzen. Jeweils ein Viertel vom gewürfelten Sellerie und der gewürfelten Karotte und die Zwiebelwürfel in den Topf geben, alles kurz anschwitzen. Dann nacheinander Ingwer, Lorbeerblätter, Kümmel, Bohnenkraut, Koriander und Majoran hinzufügen. Die eingeweichten Bohnen und die Wakame-Alge dazugeben. Petersilie und Wacholderbeeren hinzufügen und mit heißem Wasser aufgießen. Aufkochen, sich bildenden Schaum abschöpfen und eventuell nochmals heißes Wasser nachgießen. Die Bohnen ca. 90 Minuten sanft köcheln lassen.

Dann die Rinder- oder Hühnerbrühe angießen und die restlichen Sellerie- und Karottenwürfel dazugeben. Den vorbereiteten Lauch hinzufügen und nochmals 30 Minuten köcheln lassen. Mit Pfeffer, Salz und Sojasauce abschmecken.

Kurz vor Ende der Kochzeit den Speck würfeln und kurz in der Pfanne anbraten. Die Petersilie waschen, trocken schütteln, die Blättchen abzupfen und fein hacken.

Die Suppe in Teller füllen, jeweils mit ½ TL Balsamico-Essig beträufeln und, mit Speckwürfeln und Petersilie bestreut, servieren.

Bohnen nähren die Mitte und stärken die Nieren. Sie erhalten durch die lange Kochzeit viel aufbauende und wärmende Energie und werden flankiert von Gemüse und die Verdauung unterstützenden Gewürzen. Ein kraftvolles Essen, das uns den nötigen Schub für die Herausforderungen in der zweiten Tageshälfte liefert.

WINTERBRATAPFEL

FÜR 4 PERSONEN
ZUBEREITUNGSZEIT: 35 MINUTEN

 1 ½ EL Walnüsse, 8 TL Mandelmus, 3 Msp. gemahlene Bourbon-Vanille, ½ TL Zimt

 2 Msp. Nelkenpulver, 3 Msp. gemahlener Kardamom

 1 Prise Salz

 1 EL Cranberrys

 Abrieb von 1 unbehandelten Orange

 3 EL Rosinen, ca. 2 TL Ahornsirup, 4 Äpfel, 200 ml Apfelsaft, 1 TL Butter

Den Backofen auf 180 °C vorheizen.

Die Walnüsse fein hacken und beiseitestellen. Das Mandelmus mit Bourbon-Vanille, Zimt, Nelkenpulver, Kardamom und Salz gut verrühren. Die Cranberrys halbieren und unterrühren. Die Orange waschen, trocknen und fein abreiben, 1 Msp. Orangenschalenabrieb und die Rosinen unter die Füllung heben. Dann die gehackten Walnüsse unterrühren. Nach Geschmack mit Ahornsirup süßen.

Die Äpfel waschen und das Kerngehäuse mit einem Apfelausstecher großzügig herausnehmen. Die Äpfel in die Auflaufform setzen und mit der Masse füllen. Den Apfelsaft angießen und die Butter dazugeben. Im Backofen auf der mittleren Schiene 20–25 Minuten weich garen.

Die Bratäpfel in Schalen oder tiefe Teller setzen, den Apfelsud dazugeben und genießen.

Ein herzerwärmendes Dessert und ein Dauerbrenner, von Groß und Klein im Winter gleichermaßen geliebt. Der Apfel wie die Rosinen spenden dem Körper Feuchtigkeit und stützen die Funktionskreise Milz und Lunge. Deshalb auch besonders am Nachmittag genießen, da nach der Organuhr dann die Lunge ihre schwächste Phase hat und diese Unterstützung schätzt.

DATTELCREME

FÜR 4 PERSONEN
ZUBEREITUNGSZEIT: 30 MINUTEN
PLUS ABKÜHLZEIT

 100 g getrocknete Datteln ohne Stein, 500 ml ungesüßte Mandelmilch, 2 Msp. gemahlene Bourbon-Vanille, 1 Msp. Zimt

 2 Msp. gemahlener Kardamom, 1 Sternanis, 1 TL Rum

 1 Prise Salz

 50 g Kamutgrieß, 1 unbehandelte Orange

 1 EL Walnüsse, 125 ml Sahne, 1–2 TL Akazienhonig

Die Datteln halbieren. Zwei Dattelhälften in feine Streifen schneiden und zur Seite stellen. Die übrigen Datteln klein würfeln.

Die Mandelmilch in einem Topf erhitzen. Bourbon-Vanille, Zimt, Kardamom, Sternanis, Rum und Salz dazugeben und aufkochen. Dann den Grieß unter ständigem Rühren mit dem Schneebesen einrieseln lassen, aufkochen, die Temperatur reduzieren. So lange unter Rühren köcheln lassen, bis der Grieß leicht sämig wird.

In der Zwischenzeit von der Orange 1 Msp. Schale fein abreiben und die Orange halbieren. Zwei bis drei Spritzer Orangensaft und den Schalenabrieb unter die Creme rühren. Den Sternanis entfernen, die Creme in eine Glasschüssel füllen und abkühlen lassen.

Die Walnüsse in einer Pfanne ohne Öl sanft anrösten und grob hacken. Die Sahne aufschlagen und kühl stellen. Die Dattelcreme, nachdem sie abgekühlt ist, mit dem Rührbesen oder Mixer nochmals locker aufschlagen. Die klein gehackten Datteln unterrühren und nach Bedarf mit wenig Honig süßen. Zum Schluss die geschlagene Sahne unterziehen. Die Dattelcreme in große Tassen geben, mit den Dattelstreifen und Walnüssen garnieren und genießen.

Die Dattel harmonisiert die Mitte, stützt das Blut und befeuchtet. Ein sehr nährendes Dessert, das durch die bewegenden Gewürze trotzdem gut bekömmlich ist. Auch gut am Nachmittag als kleine Stärkung zwischendurch geeignet.

REGISTER

5-Elemente-Ernährung 7, 14, 15, 24, 27, 28
5-Elemente-Grütze 108
5-Elemente-Küche 10, 19, 24

A
Akupunktur 11
Apfel
   Apfel-Aprikosen-Crumble 147
   Apfelragout mit Rosinen 70
   Dinkel-Apfel-Brei 38
   Kabeljau auf Fenchel-Apfel-Gemüse 139
   Kartoffel-Steckrüben-Puffer mit würziger Apfelcreme 134
   Kürbis-Apfel-Creme 149
   Rote-Bete-Apfel-Suppe 124
   Winterbratapfel 184
Apfel-Aprikosen-Crumble 147
Apfelragout mit Rosinen 70
Aprikose
   Apfel-Aprikosen-Crumble 147
   Spitzkohlsalat mit frischen Aprikosen 90
   Weizengrieß mit Pfirsich-Aprikosen-Kompott 76

B
Bärlauch
   Bärlauchpesto 66
   Bärlauchsuppe mit Ziegenfrischkäse-Nocken 47
   Dinkelburger mit Bärlauchquark 60
Belugalinsensalat mit Birne und Radicchio 130
Belugalinsensalat mit Melone und Feta 92
Blitzpolenta mit Pflaumenkompott 114
Blumenkohl-Brokkoli-Salat 129
Bohnen
   Bohnen, grüne
      Lammkoteletts mit Grüne-Bohnen-Tomaten-Salat 102
      Minestrone 83
   Bohnen, Kidney-
      Bohneneintopf, deftiger 183
   Bohnen, weiße
      Bohneneintopf, deftiger 183
      Gemüsecarpaccio und Weiße-Bohnen-Mus 89
Brokkoli
   Blumenkohl-Brokkoli-Salat 129
Brennnesselrisotto 58
Bruschetta, bayerische 166
Buchweizenpfannkuchen mit Gemüse-Hackfleisch-Füllung 69
Bulgur
   Bulgur-Gemüse-Suppe mit Shiitakepilzen 42
   Taboulé, marokkanisch 95

C
Chicorée
   Chicorée-Kresse-Salat 54
   Chicorée, gebratener mit Thymian 169
Couscous
   Paprika mit Hackfleisch-Couscous-Füllung 105

D
Datteln
   Belugalinsensalat mit Birne und Radicchio 130
   Dattelcreme 186
   Dinkel-Apfel-Brei mit Datteln und Nüssen 38
Dinkel
   Apfel-Aprikosen-Crumble 147
   Bruschetta, bayerische 166
   Dinkel-Apfel-Brei mit Datteln und Nüssen 38
   Dinkelburger mit Bärlauchquark 60
   Dinkelflocken 38
Dreifach-Erwärmer 13 ff.

E
Entengeschnetzeltes mit Birnen und Lauch 180
Erdbeeren italienisch 111
Erfrischende Gurkensuppe 85
Erfrischendes Rhabarber-Kompott 73

F
Feta
   Belugalinsensalat mit Melone und Feta 92
   Blumenkohl-Brokkoli-Salat 129
   Chicorée, gebratener mit Thymian 169
   Gerstengraupenrisotto auf Mangold 99
   Kartoffel-Rote-Bete-Pastinaken-Auflauf 173
Frühling 39
Frühlingsgemüse im Wok mit Hähnchenbruststreifen 64
Forelle 165
   Kräuterforelle auf Gemüsebett 63

G
Gemüsebrühe 32
Gemüsecarpaccio und Weiße-Bohnen-Mus 89
Gemüseragout, mediterranes 96
Gerstengraupenrisotto auf Mangold 99
Geschmacksrichtungen 15
   Erde/süß 16
   Feuer/bitter 17
   Holz/sauer 17
   Metall/scharf 16
   Wasser/salzig 17
Getränke 26
Graupen
   Gerstengraupenrisotto 99
Grieß
   Kamutgrieß
      Dattelcreme 186
   Maisgrieß
      Polentapizza 107
   Weizengrieß
      Weizengrieß mit Pfirsich-Aprikosen-Kompott 76
Grütze
   5-Elemente-Grütze 108
Gurke
   Gurkensuppe, erfrischende 85
   Saiblingsfilet auf Gurkengemüse 100

H
Haferflocken
   Apfel-Aprikosen-Crumble 147
   Haferflockensuppe, herzhafte 119
   Porridge mit Trockenobstkompott 152
Herbst 113
Herbstpilzrisotto 133
Hirsch
   Wildgulasch mit Rotkohl 179
Hirse
   Hirse, körnige, mit Gemüse-Julienne 41
   Hirsebrei, wärmender, mit 5 Gewürzen 155
   Ofenkürbis mit Räuchertofu 136
Huhn
   Frühlingsgemüse im Wok mit Hähnchenbruststreifen 64
   Hühnerbrühe 34

K
Kabeljau auf Fenchel-Apfel-Gemüse 139
Karotte
   Putenrouladen auf Spinat-Karotten-Gemüse 66
   Rettich-Radieschen-Karotten-Salat 127
   Steckrüben-Kartoffel-Suppe 162
Kartoffel
   Kartoffel-Rote-Bete-Pastinaken-Auflauf 173
   Kartoffel-Steckrüben-Puffer mit würziger Apfelcreme 134
   Sellerie-Birnen-Kartoffel-Suppe 123
   Steckrüben-Kartoffel-Suppe 162
   Süßkartoffelsuppe 159
Kohl
   Blumenkohl
      Blumenkohl-Brokkoli-Salat 129
   Chinakohl
      Chinakohl-Hackfleisch-Pfanne, würzige 143
   Rosenkohl

Rosenkohlsalat mit Granatapfelkernen und Maronen 165
Rotkohl
    Wildgulasch mit Rotkohl 179
Spitzkohl
    Spitzkohl asiatisch mit Pute 144
    Spitzkohlsalat mit frischen Aprikosen 90
Weißkohl
    Krautfleckerl à la Oma 175
Kohlrabi
    Gemüsecarpaccio und Weiße-Bohnen-Mus 89
Krautfleckerl à la Oma 175
Kräuter 53
    Kräuterforelle auf Gemüsebett 63
    Kräutermedizin 11
    Quinoasalat mit frischen Kräutern 53
Kürbis
    Kürbis-Apfel-Creme 149
    Kürbis-Ingwer-Kokos-Suppe 120
    Ofenkürbis mit Räuchertofu 136

L
Lammkoteletts mit Grüne-Bohnen-Tomaten-Salat 102
Langkornreis mal anders 80
Linsen
    Linsen, Beluga
        Belugalinsensalat mit Birne und Radicchio 130
        Belugalinsensalat mit Melone und Feta 92
        Zander mit Linsengemüse 176
    Linsen, rote
        Spargel-Linsen-Salat 50
        Linsen-Gemüse-Eintopf 170
Löwenzahn
    Spargelsuppe mit Löwenzahn 44

M
Mangold
    Gerstengraupenrisotto auf Mangold 99
Marone
    Maronensuppe 160
    Rosenkohlsalat mit Granatapfelkernen und Maronen 165
Massagen 11
Melone
    Belugalinsensalat mit Melone und Feta 92
Minestrone – quer durch den Garten 83

N
Nudeln
    Krautfleckerl à la Oma 175

O
Ofenkürbis mit Räuchertofu 136
Organuhr 12, 20 ff.

P
Paprika
    Paprika mit Hackfleisch-Couscous-Füllung 105
Pfirsich
    Aprikosen-Pfirsich-Kompott 76
Pflaume
    Blitzpolenta mit Pflaumenkompott 114
Pilze 133
    Champignons
        Herbstpilzrisotto 133
    Shiitakepilze
        Bulgur-Gemüse-Suppe mit Shiitakepilzen 42
        Entengeschnetzeltes mit Birnen und Lauch 180
        Frühlingsgemüse im Wok mit Hähnchenbruststreifen 64
Pizza, Polenta- 107
Polenta
    Blitzpolenta mit Pflaumenkompott 114
    Polentapizza 107
Porridge mit Trockenobstkompott 152
Pute
    Putenrouladen auf Spinat-Karotten-Gemüse 66
    Spitzkohl asiatisch mit Pute 144
    Putenrouladen auf Spinat-Karotten-Gemüse 66

Q
Qi
    Qi, nachgeburtlich 11
    Qi, vorgeburtlich 11

Qi-Gong 23
Quinoa
    Quinoasalat mit frischen Kräutern 53
    Winterkraftsuppe mit Quinoa 156

R
Radicchio
    Belugalinsensalat mit Birne und Radicchio 130
Reis 35
    Brennnesselrisotto 58
    Herbstpilzrisotto 133
    Langkornreis
        Blumenkohl-Brokkoli-Salat 129
        Langkornreis mal anders 80
    Reis-Congee 35
    Reismüsli mit Birnen und Mandeln 116
    Risottoreis 58, 133
    Rundkornreis 116
Rettich-Radieschen-Karotten-Salat 127
Rhabarber-Kompott, erfrischendes 73
Rinderbrühe 33
Rindfleisch
    Rinderbrühe 33
    Rindfleisch-Gemüse-Wok, herbstlicher 140
Rosenkohlsalat mit Granatapfelkernen und Maronen 165
Rote Bete
    Kartoffel-Rote-Bete-Pastinaken-Auflauf 173
    Rote-Bete-Apfel-Suppe 124
Rührei mit Kirschtomaten und Rucola 79

S
Saiblingsfilet auf Gurkengemüse 100
Schwein
    Schinken, gekocht
        Polentapizza 107
    Speck, magerer
        Bohneneintopf, deftiger 183
Sellerie-Birnen-Kartoffel-Suppe 123
Sommer 75
Spargel
    Spargel-Linsen-Salat 50
    Spargelsuppe mit Löwenzahn 44
Spinat
    Putenrouladen auf Spinat-Karotten-Gemüse 66
    Tofupflanzerl mit Spinatcurry 57
    Spitzkohl asiatisch mit Pute 144
Steckrüben
    Kartoffel-Steckrüben-Puffer 134
    Steckrüben-Kartoffel-Suppe 162
Süßkartoffelsuppe 159

T
Taboulé, marokkanisches 95
TCM 10, 13, 19, 20
Thermik 17, 18
Tofupflanzerl mit Spinatcurry 57
Tomate
    Lammkoteletts mit Grüne-Bohnen-Tomaten-Salat 102
    Rührei mit Kirschtomaten und Rucola 79
    Tomatensuppe, feine mit Basilikum 86
Topinambur-Cremesuppe 49
Traditionelle Chinesische Medizin 10
Trockenobstkompott 152

W
Wakame-Alge
    Belugalinsensalat mit Birne und Radicchio 130
    Bohneneintopf, deftiger 183
    Linsen-Gemüse-Eintopf 170
Wärmender Hirsebrei mit 5 Gewürzen 155
Wildgulasch mit Rotkohl 179
Winter 150
    Winterbratapfel 184
    Winterkraftsuppe mit Quinoa 156

Y
Yin und Yang 12

Z
Zander mit Linsengemüse 176

VITA

Anna Ursula Ams, Jahrgang 1960, ist Ernährungsberaterin nach den Grundsätzen der fünf Elemente. Ihre Ausbildung hat sie bei Barbara Temelie absolviert. Sie bietet in München Coachings, Kochkurse, Vorträge und Workshops zu Ernährungsthemen an. Mit ihrer Arbeit schlägt sie eine Brücke von der Traditionellen Chinesischen Medizin zu unserer westlichen Ernährungstradition. Mehr über die Autorin erfahren Sie unter www.ursula-ams.de.

DANK

Ein herzliches Dankeschön an alle, die mich bei diesem Buchprojekt bei der Realisierung unterstützt haben:

Meinem Mann Stefan, der mich immer ermutigt und mir in vielen Situationen den Rücken freigehalten hat, danke ich von Herzen.

Meiner Freundin Patricia, in deren großer Küche wir kreative Kochsessions abgehalten haben, und allen guten Freundinnen und Freunden danke ich für Zuspruch, wohlmeinende Kritik und Inspiration.

Mein besonderer Dank gilt meiner Lehrerin Barbara Temelie, die meine persönliche Initialzündung war und mich mit ihrer Begeisterung für die 5-Elemente-Küche angesteckt hat.

Auch an den Verlag und speziell an Eva Dotterweich geht mein Dank für die sehr angenehme Zusammenarbeit und die wertvollen Vorschläge sowie die Vermittlung von Ulrike Kirmse, deren wunderschöne Bilder das Buch beleben und Appetit machen.

Und last, but not least danke ich Ihnen, liebe Leserin und lieber Leser, für Ihr Vertrauen und wünsche mir, dass ein Funke meiner Begeisterung für diese altbewährte Philosophie zu Ihnen überspringt.

Ihre Anna Ursula Ams

IMPRESSUM

Produktmanagement: Eva Dotterweich, Doreen Wolff
Textredaktion: Doreen Köstler
Korrektur: Asta Machat
Layout und Satz: Silke Schüler
Umschlaggestaltung: Eva Salzgeber
Repro: Repro Ludwig, Zell am See
Herstellung: Bettina Schippel
Fotografie Cover und Innenteil: Ulrike Kirmse
außer: S. 9, 10, 12, 16, 18, 22, 23, 24, 25, 26, 28, 30 (Shutterstock); S. 29 (Miele)
Foodstylist: Urs Hug
Illustrationen: Sonja Neumeyer

Printed in Italy by Printer Trento

Unser komplettes Programm finden Sie unter

 www.christian-verlag.de

Sind Sie mit diesem Titel zufrieden? Dann würden wir uns über Ihre Weiterempfehlung freuen. Erzählen Sie es im Freundeskreis, berichten Sie Ihrem Buchhändler oder bewerten Sie bei Onlinekauf. Und wenn Sie Kritik, Korrekturen, Aktualisierungen haben, freuen wir uns über Ihre Nachricht an:

Christian Verlag
Postfach 40 02 09
D-80702 München
oder per E-Mail an lektorat@verlagshaus.de

Alle Angaben, Ratschläge und Rezepte dieses Werkes wurden von der Autorin sorgfältig recherchiert und auf den neuesten Stand gebracht sowie vom Verlag geprüft. Lassen Sie sich in allen Zweifelsfällen zuvor durch einen Arzt oder Therapeuten beraten. Die im Buch enthaltenen Informationen ersetzen in keinem Fall ärztliche Hilfe oder Rat. Weder die Autorin noch der Verlag können für eventuelle Nachteile oder Schäden, die aus den im Buch gegebenen praktischen Hinweisen entstehen, eine Haftung übernehmen.

Die Deutsche Nationalbibliothek verzeichnet diese Publikation in der Deutschen Nationalbibliografie; detaillierte bibliografische Daten sind im Internet über http://dnb.d-nb.de abrufbar.

© 2016 Christian Verlag GmbH, München
Alle Rechte vorbehalten.

ISBN 978-3-86244-948-4

Quellenangabe

Ute Engelhardt, Rainer Nögel: Rezepte der chinesischen Diätetik, Urban & Fischer, München und Jena 2009

Dagmar Hemm, Andreas Noll: Die Organuhr, Gräfe und Unzer Verlag GmbH, München 2012

Anna Elisabeth Röcker: Die Organuhr praktisch anwenden, Irisiana Verlag, München 2013

Christiane Seifert: Die 5-Elemente-Küche, Knaur Verlag, München 2005

Uwe Siedentopp, Hans-Ulrich Hecker: Praxishandbuch Chinesische Diätetik, Verlag Siedentopp & Hecker GbR, Kassel 2004

Barbara Temelie: Ernährung nach den Fünf Elementen, JOY Verlag, Sulzberg 1992

Lothar Ursinus: Die Organuhr – leicht erklärt, Schirner Verlag, Darmstadt 2009

Buchempfehlungen

Bengt Jacoby: Gesünder leben mit den fünf Elementen, Herder Verlag, Freiburg 2008

Claudia Nichterl: Die neue 5 Elemente Küche, Cadmos Verlag, Schwarzenbek 2012

Isabel Ockert: Das 5elemente Rezeptbuch, isaverlag, Sulzbach-Laufen 2013

Karola Schneider: Kraftsuppen nach der Chinesischen Heilkunde, JOY Verlag, Oy-Mittelberg 1999

Dr. Andrea Scholdan, Laurence Koblinger: Suppito mit Biss, Österreichischer Agrarverlag, Wien 2010

Barbara Temelie: Mit der 5-Elemente-Ernährung zur Wohlfühlfigur, Knaur MensSana Verlag, München 2009

Barbara Temelie, Beatrice Trebuth: Das Fünf Elemente Kochbuch, JOY Verlag, Oy-Mittelberg 2009

Adressen zu Aus- und Weiterbildungen, Seminaren, Beratungen, Therapeutensuche

SMS – Internationale Gesellschaft für Chinesische Medizin e. V., www.tcm.edu

Isabel Ockert, www.5elemente-ausbildung.de

Christiane Seifert, www.tcm-seifert.de

Barbara Temelie, www.barbaratemelie.de

Wiener Schule für Traditionelle Chinesische Medizin, www.wstcm.at

Gemeinnützige Verbände – Förderung der 5-Elemente-Ernährung

Ernährung nach den Fünf Elementen e. V., Deutschland, www.5-elemente-ev.de

Gesellschaft für Ernährung nach den Fünf Elementen, Österreich, www.tcm-ernaehrung.at

Verband Ernährung nach den 5 Elementen, Schweiz, www.ernaehrung5elemente.ch

Ebenfalls erhältlich ...

ISBN 978-3-86244-669-8

ISBN 978-3-86244-765-7

ISBN 978-3-86244-767-1

ISBN 978-3-86244-756-5

www.christian-verlag.de